汉画总录

51
沛县

国家出版基金项目
NATIONAL PUBLICATION FOUNDATION

U0655731

GUANGXI NORMAL UNIVERSITY PRESS
广西师范大学出版社
·桂林·

本研究由 2012 年度国家社科基金重大项目"中国汉代图像数据库与《汉画总录》编撰研究"资助

本专项研究得到吴作人国际美术基金会的赞助

HANHUA ZONGLU

项目统筹　汤文辉　李　琳
责任编辑　罗　灿　郭　鹏
装帧设计　李若静　陆润彪　刘　凛

图书在版编目（CIP）数据

汉画总录. 51，沛县 / 张玉兰，朱青生主编. —桂林：
广西师范大学出版社，2021.3
ISBN 978-7-5598-3440-9

Ⅰ . ①汉… Ⅱ . ①张… ②朱… Ⅲ . ①画像砖－史料－
研究－中国－汉代②画像砖－史料－研究－沛县－汉代
Ⅳ . ①K879.444

中国版本图书馆 CIP 数据核字（2021）第 039907 号

广西师范大学出版社出版发行

（广西桂林市五里店路 9 号　邮政编码：541004）
网址：http://www.bbtpress.com

出版人：黄轩庄

全国新华书店经销

广西广大印务有限责任公司印刷

（桂林市临桂区秧塘工业园西城大道北侧广西师范大学出版社集团
有限公司创意产业园内　邮政编码：541199）

开本：787 mm ×1 092 mm　1/16

印张：15.75　　字数：150 千字

2021 年 3 月第 1 版　　2021 年 3 月第 1 次印刷

定价：480.00 元

序

　　文字记载，图画象形。人性之深奥、文化之丰富俱在文献形相之中；史实之印证、问题之追索无非依靠文字图形。[1] 汉画乃有汉一代形相与图画资料之总称。

　　汉代之前，有各种物质文化遗迹与形相资料传世。但是同时代文献相对缺乏，虽可精观细察，恢复格局，重组现象，拾取位置、结构和图像信息，然而毕竟在紧要处，但凭推测，难于确证。汉代之后，也有各种物质文化遗迹与形相资料传世，但是汉代之前问题不先行获得解释，后代的讨论前提和基础就愈加含糊。尤其渊源不清，则学难究竟。汉代的文献传世较前代为多，近年汉代出土文献日增，虽不足以巨细问题尽然解决，但是与汉代之前相比，判若文献"可征"与"不可征"之别。所以，汉画作为中国形相资料的特殊阶段，据此观察可印之陈述，格局能佐之学理，现象会证之说明；位置靠史实印证，结构倚疏解诠释。因图像信息与文字信息的双重存在，将使汉画成为建立中国图像志，用形相学的方法透入历史、文化和人性的一个独特门类。此汉画作为中国文化研究关键理由之一。

　　两汉之世事人情、典章制度可以用文字表达者俱可在经史子集、竹帛简牍中钩沉索隐，而信仰气度、日常生活不能和不被文字记述者，当在形相资料中考察。形者，形体图像；相者，结构现象。事隔二千年形成古今感受之间的千仞高墙，得汉画其门似可以过入。而中国文明的基业，多始于汉代对前代的总结、集成而制定规范；即使所谓表率万世之儒术，亦为汉儒所解释而使之然。诸子学说亦由汉时学人抄传选择，隐显之功过多在汉人。而道德文章、制度文化之有形迹可以直接回溯者，更是在汉代确立圭旨，千秋传承，大同小异，直至中国现代化来临。往日的学术以文字文献为主，自从进入图像传播时代，摄影、电视造成了人类看待事物的新方法，养成了直接面对图像的解读能力。于是反观历史，对于形相资料的重视与日俱增。因此，由于汉代奠定汉族为主

---

[1] 对于古史，有所谓四重证据法：传世文献+出土文献+出土文物+依地形、位置和建筑建构遗存复原的文化环境设想。但任何史实，多少都有余绪流传至今，则可通过现今活态遗存，以今证古，这是西方人类学、文化地理学中使用的方法。例如，可从近日的墓葬石工技艺中考溯汉代制作；再如，今日非物质文化遗产中的祭祀庆典仪式，其中可能有此地同族举行同类型活动的延承，正所谓"礼失而求诸野"。所以，对于某些历史对象，可以采用"六重证据法"：传世文献+出土文献+出土文物+复原的文化环境设想+现今活态遗存+试验考古（即用当时的工具、材料、技术、观念重新试验完成一遍古代特定的任务）。对问题的追索无非依靠文字和形相两种性质的材料，故略称"文字图形"。

体的文明而重视汉代，由于读图观相的时代到来而重视图画，此汉画之为中国文化研究关键理由之二。

"汉画"沿用习称。《汉画总录》关注的汉画包括画像石、画像砖、帛画、壁画、器物纹样和重要器物、雕刻、建筑（宗教世俗场所和陵墓）。所以，与《汉画总录》互为表里的国家图像数据库[2]则称之为"汉代形像资料"，是为学术名称。

汉画研究根基在资料整理。图像资料的整理要达到"齐全"方能成为汉画学的基础。所谓齐全，并非奢望汉代遗迹能够完整留存至今，而是将现存遗址残迹，首先确定编号，梳理集中，配上索引，让任何一位学者或观众，有心则可由之而通览汉代的形相资料总体，了解究竟有多少汉代图形存世。能齐观整体概况，则为齐也。如果进一步追索文化、历史和人性的问题，则可利用这个系统，有条理、有次序地进入浩瀚的形相数据，横征纵析，采用计算机详细精密的记录手段和索引技术，获取现有的全部图像材料。与我们陆续提供给学界的"汉代古文献全文数据库"和"中文、西文、日文研究文献数据库"互为参究，就能协助任何课题，在一个整体学科层面上开展，减少重复，杜绝抄袭，推动研究，解决问题。能把握学科动态则为全也。《汉画总录》是与国家图像数据库相辅相成的一个长期文化工程，是依赖全体汉画学者努力方能成就的共同事业。一事功成，全体受益。如果《汉画总录》及其索引系统建成完整、细致、方便的资料系统，汉画学的推进，可望会有飞跃。对其他学科亦不无帮助。

汉画编目和《汉画总录》的编辑是繁琐而细致的工作。其平常在枯燥艰苦的境况中日以继夜。此事几无利益，少有名声，唯一可以告慰的是我们用耐心的劳动，正抹去时间的风尘，使中国文明之光的一段承载——汉画，进入现代学术的学理系统中，信息充溢，条理清楚，惠及学界。况且汉画虽是古代文化资料，毕竟养成和包蕴汉唐雄风；而将雄风之遗在当今呈现，是对中国文明的贡献，也是为人类不同文明之间更为深刻的互相理解和世界在现代化中的发展提示参照。

人生有一事如此可为，夫复何求？

编　者
2006 年 7 月 25 日

---

[2] 2005年国家文化部将中国汉代图像信息综合调查与数据库项目纳入"国家数据库专项"系统。

编辑体例

《汉画总录》包括编号、图片、图片说明、图像数据、文献目录、索引六部分内容。

1. 编号

为了研究和整理的需要，将现有传世汉画材料统一编号。编号工作归属于一个国家项目协调（中国汉代图像信息综合调查与数据库为国家艺术科学"十五"规划项目）。方法是以省、区编号（如陕西 SSX，山西 SX）加市、县，或地区编号（如米脂 MZ）再加序列号（三位），同一汉画组合中的部件在序列号之后加横杠，再加序列号（两位）。比如米脂党家沟左门柱，标示为 SSX-MZ-005-01（说明：陕西—米脂—党家沟画像石墓—左门柱）。编号最终只有技术性排序，即首先根据"地点"的拼音缩写的字母排列顺序，在同一地点根据工作序列号的顺序。

地点是以出土地为第一选择，不在原地但仍然有确切信息断定其出土地的，归到出土地编号，并在图片说明中标示其收藏地和版权所有者。如果只能断定其出土地大区（省、区），则在小区（市、县、地区）部分用"××"表示。比如美国密西根大学博物馆藏的出自山东某地，标示为 SD-××-001。如果完全不能断定其出土地点，则以收藏地点缩写编号。

编号完成之后，索引、通检和引证将大为方便。论及某一个形象或画面，只要标注某编号，不仅简明统一，而且可以在《汉画总录》和与此相表里的国家图像数据库（国家文化部将中国汉代图像信息综合调查与数据库项目纳入"国家数据库专项"系统）中根据检索方法立即找到其照片、拓片、线图、相关图像和墓葬的全部信息，以及关于这个对象尽可能全面的全部研究成果，甚至将来还可以检索到古文献和出土文献的相关信息，以及同一类型图像或近似图像的公布、保存和研究情况。

2. 图片

记录汉代画像石、画像砖的图片采取拓片、照片和线图相比照的方式处理。[1]传统著录汉画的方式是拓片，拓片的特点是原尺寸拓印。同时，拓片制作时存在对图像的取舍和捶拓手工轻重粗精之别，而成为独立于原石的艺术品。拓片不能完整记录墓葬中画像砖石的相互衔接和位置关系，

---

[1] 由于在《汉画总录》的编辑方针中，将线描用于对图像的解释和补充，线描制作者的观点和认识会有助于读者理解，但也形成了一定的误导和局限，因此在无必要时，将逐步减少线描的数量，而把这个工作留待读者在研究时自行完成。

以及墓葬内的建筑信息，无法记录画像石上的墨线和色彩，对于非平面的、凹凸起伏的浮雕类画像砖石，也不能有效地记录其立体造型。不同拓片制作者以及每次制得的拓片都会有差异。使用拓片一个有意无意的后果是拓片代替原石成为研究的起点，影响了对画像石的感受和认知。拓片便利了研究的同时也限制了研究。只是有些画像砖石原件已失，仅存拓片，或者原石残损严重，记录画像砖石的拓片则为一种必要的方法。

照片对画像砖石的记录可以反映原件的质地和刻划方法、浮雕的凹凸起伏，能够记录砖石上的墨线和色彩，是高质量的图像记录中不可缺失的环节。线图可以着重、清晰地描绘物像的造型和轮廓，同时作为一种阐释的方法，可以展示考察、记录研究者对图像的辨识和推证。采取线图、照片、拓片相结合的途径记录画像砖石，可相互取长补短，较为完备。

帛画、壁画和器物纹样一般采用照片和线图。

其他立体图像采用照片、三维计算机图形、平面图和各种推测性的复原图及局部线图。组合图与其他图表的使用，多部组合关系明确的情况，一般会给出组合图加以标明，用线描图呈现。如多部组合而关系不明确的情况下则或缺存疑。其他测绘图、剖面图、平面图以及相关列表等均根据需要，随著录列出，视为一种图解性质的"说明"。[2]

3. 图片说明

图片说明分为两个部分。其一是关于图片的基本信息，归入"4. 图像数据"中说明；其二是对于图像内容的描述。描述古代图像时，基于古今处在不同的观念体系中的这一个基本前提，采取不同方式判定图像。

3.1 尝试还原到当时的概念中给予解释[3]，在此方向下通常有两种途径。

3.1.1 检索古代文献中与图像对应的记载或描述，做出判定。但现存的问题，一是并非所有图像都能在文献中找到相应的记载或解释，即缺乏完备性；二是这种"对应"关系是人为赋予的，

---

[2] 根据编辑需要，在材料和技术允许的情况下，会给出部分组合关系图。由于编辑过程受到各种条件的限制，尽其努力也无法解决全卷缺少部分原石图、拓片、线图的情况，或者极个别原石尺寸不齐的情况，目前保持阙如，待今后在补遗卷中争取弥补。

[3] 任何方式中我们都不可能完全脱离今人的认识结构这一立足点，不可能清除解释过程中"我"的存在，难以避免以今人的观念结构去驾驭古代的概念。完全回到当时当地观念中去只是设想。解释策略决定了解释结果。在第一种方式中，我们的目的不是把自己置换到古人的处境中去体验，而是去认识古人所用概念及其间结构关系。

文献与图像并不存在必然的联系，且不同研究者可能做出不同的判断 [4]；三是现存文献只是当时多种版本的一种，民间工匠制作画像石所依据的口述或文字版本未必与经过梳理的传世文献（多为正史、官方记录和知识分子的叙述）相符。

3.1.2 依据出土壁画上的题记、画像砖石上的榜题、器物上的铭文等出土文字材料，对相应图像做出判定，这种方式切近实况，能反映当时当地的用语，但是能找到对应题记的图像只占图像总体的一小部分。

3.2 在缺失文献的情况下，重构一种图像描述的方式——尽量类型化并具有明晰的公认性。如大量出现的独角兽，在尚不确定称其为"兕"还是"獬豸"时，便暂描述为独角兽，尽管现存汉代文献中可能无"独角兽"一词。同时，图像描述采取结构性方式，即先不做局部意义指定，而是在形状—形象—图画—幅面—建筑结构—地下地上关系—墓葬与生宅的关系—存世遗迹和佚失部分（黑箱）之间的关系等关系结构中，判定图像的性质或意义。尽管没有文字信息，图像在画面和墓葬中的位置和形相关系提供了考察其意义和"功能"的线索。

在实际图片说明中，上述两种方式往往并用。对图像的描述是在意识到这些问题的情况下展开的，部分指谓和用语延承了以往的研究，部分使用了新词，但都不代表对图像涵义的最终判定，而只是一种描述。

4. 图像数据

图片的基本信息（诸如编号、尺寸、质地、时代、出土地、收藏地等）实际上是图像数据库的一个简明提示。收入的汉画相关信息通过数据库的方式著录，其中包括画像石编号、拓片号、原石照片编号、原石尺寸 [5]、画面尺寸、画面简述、时代、出土时间、征集时间、出土地 [6]、收藏地、原收藏号、原石状况（现状）、所属墓葬编号 [7]、组合关系、著录文献等项。文字、质地、色彩、制

---

[4] 关于此前题材判定和分类的方法和问题，参见盛磊《四川汉代画像题材类型问题研究》，北京大学艺术学系99级硕士毕业论文。

[5] 原石尺寸的单位均为厘米，书中不再标识。

[6] 出土与征集的区分以是否经过科学发掘为界，凡经正式发掘（无论考古报告发表与否）均记为出土，凡非正式发掘（即使有明确出土地点和位置）均记为征集。

[7] 所属墓葬因发掘批次和年代各异，故记为发掘时间加当时墓葬编号，如1981M3表示党家沟1981年发掘的第三号墓葬。

作者、订件人、所在位置、相关器物、鉴定意见、发现人中有可著录者，均在备注项中列出。画像石墓表包括墓葬所在地、时代、墓葬所处地理环境、封土情况、发现和清理发掘时间、墓向、墓葬形制、随葬器物、棺椁尸骨、画像石装置，发现人、发掘主持人也在备注项中注出。建立数据库的目的和价值在于对数据库中的所有记录进行检索、比较、统计、分析，以期达到研究的完备性和规范性。[8]

5．文献目录

文献目录列出一个区域（指对汉画集中地区的归纳，如陕北、南阳、徐州、四川等，多根据汉画研究的分区，而非严格的行政区划）有关汉画内容的古文献、研究论著和论文索引，并附内容提要。在每件汉画著录中列专项注出其相关研究文献。

6．索引

按主题词和关键词建立索引项，待全部工作结束之后，做成总索引。因为《汉画总录》的分卷编辑虽然是按现在保管地区为单位齐头并进，但各种图像材料基本按出土地点各归其所，所以地名部分不出分卷索引，只在总索引中另行编排。

朱青生
北京大学历史学系艺术史教研室
北京大学汉画研究所
2006 年 7 月 31 日

---

[8] 对于存在大量样本和繁杂信息的研究对象，数据库的应用是有效的。在考古类型学中，传统的制表耗费时力，且不便记忆和阅读，细碎的分类常有割裂有机整体之弊。《汉画总录》的设想是：（1）无论已有公论还是存疑的图像，一律不沿用旧有的命名及在此基础上的分类，而按一致的规范和方法记录。（2）扩大图像信息的范畴，全面记录相关要素，包括出土状况（发掘/清理/收集）、发现人、出土时间、出土地点及其所属古代区划、画像材质、尺寸、所属墓葬形制、画像位置、随葬器物及其位置、画像保存状况、铭文、已有断代、画像资料出处、相关图片、相关研究、收藏地等。图像则记录单位图像的位置及其间的组合情况。（3）利用数据库，按不同线索和层次对图像信息进行查询、检索，根据统计结果做出判断。

目 录

前　言

　　沛县为刘邦发祥之地。[1] 所谓两汉，发自沛公，从此纵横天下犹如大风刮过。刘邦叱咤天下，威加海内之后曾经返还故乡。当然，作为高祖的汤沐邑[2]，沛、丰得到许多特权，而此地的归属其实有四种变化。除了刘邦赋予的上述特权[3]，它还曾作为侯爵的封邑[4]，作为封国的部分，作为郡县。沛县在每一种行政状态之下具有何种确切的政治制度、土地制度和税收的分配状况？因为这个地方太特殊，所以要具体分析，但是现在还没有足够的材料和方法来支撑这方面的研究。假如刘邦的承诺可以长期延续，一直免除徭役，当地居民的习俗多少会在殡葬中留存下来，并有所体现。但是据说中间还有一次对刘邦父亲太公刘煓居住环境和居民的整体迁移，新丰城由此建立。目前新丰考古提供的实证并不支持这样的传说，即丰沛地区的习俗已经迁移。[5] 两汉的封国变动很

---

　　[1]《史记》载高祖生于沛县丰邑中阳里（今丰县），现代政区和汉画发生的区域概念本来并不相应，只是《汉画总录》的编辑以现代保管地区的区划分卷。

　　[2] "其以沛为朕汤沐邑。"（见《史记·高祖本纪第八》，北京：中华书局，2014年，第389页）《史记·平准书》云："山川园池市井租税之入，自天子以至于封君汤沐邑，皆各为私奉养焉，不领于天下之经费。"所谓"汤沐邑"，《索隐》云："言封君已下皆以汤沐邑为私奉养，故不领入天子之常税，为一年之费也。"师古曰："言各收其所赋税以自供，不入国朝之仓廪府库也。"参见薛瑞泽《汉代汤沐邑研究》，《江苏师范大学学报（哲学社会科学版）》2013年第5期，第99—105页。

　　[3] "复其名，世世无有所与。"（《史记·高祖本纪第八》，第389页）即永久免除赋税和徭役，具体执行情况并无更多记录。

　　[4] 高祖十二年（公元前195年）沛侯刘濞被封为吴王，而其采邑税归入刘邦的个人所得。汤沐邑的税入如何分配是个问题，改封刘濞是否因其封邑改作刘邦汤沐邑，另行安置待考。刘邦逝世后，惠帝对刘邦的汤沐邑应该会予以维护，通过惠帝将沛宫尊作高祖原庙的行为，似乎可以推测出这一点（"及孝惠五年，思高祖之悲乐沛，以沛宫为高祖原庙。"见《史记·高祖本纪第八》，第393页）。到了所谓高后四年，即公元前184年（李光利、李殿元认为应为少帝刘恭四年）"四月，太后欲侯诸吕……乃封吕种为沛侯"（《史记·吕太后本纪第九》，第400—401页）。高后吕雉的这次政治行动既是对刘氏的否定，也是对吕氏的优待，因为分封吕种的目的是给吕公陵墓祭奠，税入就和汤沐邑争利。吕氏被铲除以后，刘邦的汤沐邑是否得以恢复，当年授予的特权是否全部恢复，又是一个问题。

　　[5] 太公迁移之说：在长安城东南秦骊邑的基础上为其修建宫邸，并置新丰县。史料见于晚出的文学性作品《西京杂记》："以平生所好，皆屠贩少年，酤酒卖饼，斗鸡蹴踘，以此为欢，今皆无此，故以不乐。高祖乃作新丰（新丰城），移诸故人实之，太上皇乃悦。"不可全信。2007、2016年，陕西省考古研究院对西安市临潼区新丰街道的两批秦汉墓进行了发掘，通过对这些墓葬中的西汉早期墓葬随葬品的分析，认为这些汉墓的墓主应是西汉初期的秦移民，具体当是西汉初年废止的秦始皇帝陵邑——骊邑内的秦遗民。参看陕西省考古研究院编著《临潼新丰：战国秦汉墓葬考古发掘报告》，北京：科学出版社，2016年；冯锴《临潼李东汉墓研究》，硕士学位论文，西北大学，2017年。

大，封地的疆域随时变动，封王人选错综复杂，就封的藩王经常遭遇临时改封，[6] 且不少封王常不就国。[7] 西汉开国功臣出生于丰、沛者众多 [8]，分封诸侯（功臣侯）食邑分散四方，除有张良这种强烈要求回到故乡的个别情况 [9]，其任职和归葬的范围更为分散。根据李银德的归纳，列侯（功臣侯）的双重身份使之既有食邑，又有任职的朝廷或郡国，不必葬于封地，也非必归葬故里，很多墓地选在任职地。[10] 更何况陪葬帝陵的情况也很突出，根据诸侯墓葬研究，陪葬帝陵以及葬于封地和任所的较多，而归葬故里的情况几乎没有发现。[11] 这样一来，我们在丰沛一带找到出生于此的要人之类重要墓葬的可能性就比较小。沛县现在发现和搜集的画像石墓既有西汉的，也有东汉的遗存，

[6] "沛父兄皆顿首曰：'沛幸得复，丰未复，唯陛下哀怜之。'高祖曰：'丰吾所生长，极不忘耳，吾特为其以雍齿故反我为魏。'沛父兄固请，乃并复丰，比沛。于是拜沛侯刘濞为吴王。"（《史记·高祖本纪第八》，第390页）

[7] 文帝二年和景帝后二年，皇帝都有专门要求封侯就国的诏书，说明不就国是一个普遍的社会政治问题。

[8] 参见廖伯源《历史与制度——汉代政治制度试释》，香港：香港教育图书公司，1997年。

[9] 关于留城遗址，由于黄泛埋藏太深，无法勘探，故只调查、勘探了其余4座城址（石户城遗址、司吾城遗址、湖陵城遗址、彭城遗址）（见马永强、盛之翰、高伟等《江苏徐海地区汉代城址调查简报》，《东南文化》2014年第5期，第50—56页）。关于张良葬地的研究有陪葬长陵说，即指其葬于今陕西省咸阳市渭城区窑店镇三义村东北（见杨东晨《张良祠庙与墓地考》，《咸阳师范学院学报》2003年第3期，第5—7页）；也有归葬沛县说，毕沅在对《类编长安志》所作按语中已经对张良陪葬长陵进行了质疑（见赵海龙《张良墓真实所在地探讨》，《郑州师范教育》2014年第6期，第89—92页）。

[10] 李银德：《西汉列侯葬制研究》，载陈建明主编《湖南省博物馆馆刊（第2期）》，长沙：岳麓书社，2005年，第157—171页。

[11] 关于西汉诸侯王及王后墓考古发现的总体数量，因研究者统计的标准不同而多有不同。"刘尊志2012年的统计数字是43处84座；刘瑞2010年的统计数字是50余座。据2010年的统计（刘庆柱、白云翔主编《中国考古学·秦汉卷》，北京：中国社会科学出版社，2010年，第339—347页），计有十八王国的45座，加上后来的新发现和新公布的资料，计有21个王国的58座。"（白云翔：《西汉王侯陵墓考古视野下海昏侯刘贺墓的观察》，《南方文物》2016年第3期，第48页）另，刘光亮统计了24组西汉诸侯王墓，并将其分为4类：在任职地（3座，轪侯利苍及夫人辛追墓、利成 [乡] 侯刘婴墓、富平侯张安世家族墓）、在封地（7座，汝阴侯夏侯灶及夫人墓、沅陵侯吴阳墓、广共侯召嘉墓、安成侯刘苍墓、海昏侯刘贺墓、南曲炀侯刘迁墓、泉陵侯刘庆及夫人墓）、在居住地（7座，宛朐侯刘埶墓、象氏思侯刘安意墓、楚国丙长翁主墓、刘 [女宰] 墓、刘和墓、刘娇墓、董汉夫妻合葬墓）、陪葬帝陵（3座，绛侯周勃或条侯周亚夫墓、郸侯周应墓、高宛制侯丙武墓）。在封地和居住地的比例最高。参看刘光亮《江苏境内西汉时期分封的侯国与列侯葬地》，载江苏省考古学会编《江苏省考古学会文集：2015—2016》，上海：上海古籍出版社，2018年，第217—229页。

其墓主的等级与重要的列侯还有相当一段距离。初步推测，沛县现在发现的墓葬及汉画所显示的状态与当地巨大的政治影响和地望渊源关系不大。目前根据沛县古泗水、胡陵城遗址以及其他没有具体出土信息的石头来看，大部分属于石椁挡板，这部分画像石与微山地区的画像石风格极为接近。汉代时微山湖还未形成，沛县、微山属于相邻地区，可能是这些地区画像石风格相似的重要原因之一。考虑到其与徐州地区和山东地区在风格上的差异和相似，对该地区石椁进行研究的时候，应摆脱目前的行政地域划分，主要考察工匠圈和墓葬习俗圈的另一种区分组合。

目前对徐州地区和济宁、枣庄一带汉画的整体著录工作正在进行中，因此很难给出确定的结论。北京大学赵化成教授一直计划要做的发掘研究方向，包括试图彻底查清汉画的起源，后来在他的指导下有论文完成 [12]；王传明对苏鲁豫皖的总体研究最近又有新的发表 [13]，材料现正陆续地汇集。但可以肯定的是，这个地区有多个风格系统并行多年，留下了一些材料，但是还不足以解决问题。此次沛县卷的著录是一次较为彻底和周密的基础材料检验——其中亦包括调查沛县画像石散落别处收藏的情况，因体例是按收藏保管地分别著录——以期进一步补充局部证据。

《汉画总录·沛县卷》共收录沛县地区画像石 143 块，分布于沛县三处：沛县博物馆 72 块，其中 14 块存放于展厅内，其余 59 块皆散置于博物馆仓库或堆叠在博物馆墙外；汉城公园 47 块；世界刘氏总会会馆（刘氏宗祠）24 块。其中，沛县博物馆展厅内的画像石保存情况较好，画面也较为丰富，散置于博物馆仓库的画像石画面相对较为简单。

沛县画像石的文献著录情况是，本地画像石未见系统的考古材料发表，仅存放于沛县博物馆的 14 块画像石有部分出土信息，其中沛县栖山汉墓出土 5 块，胡陵城遗址出土 3 块，沛县城区出土 2 块。分述如下：

1. 沛县栖山汉墓

沛县栖山汉墓发掘于 1977 年，考古报告发表于 1982 年。据考古报告记录，当时发现两座古墓，一号墓保存完好，二号墓被破坏，报告只报道了保存完好的一号墓 [14]。一号墓所出土的画像石现均

---

[12] 潘攀：《苏鲁豫皖交界地区石椁墓及其石椁画像研究》，硕士学位论文，北京大学，2012年。

[13] 王传明：《苏鲁豫皖地区汉代画像石椁墓研究》，《形象史学》2019年第2期，第86—107页。

[14] 徐州市博物馆、沛县文化馆：《江苏沛县栖山汉画像石墓清理简报》，《考古学集刊》1982年第2集，第106—112页。

藏于徐州汉画像石馆，也已收录在《汉画总录·徐州卷》中。沛县博物馆所藏5块展签上标为沛县栖山汉墓出土的画像石在考古报告中皆无记录。对比雕刻技法及画面构图形式，沛县博物馆与徐州汉画像石馆所藏沛县栖山汉墓出土的画像石十分相似，且二者皆为石椁挡板，只是沛县博物馆所藏画像石部分破损（现已修复）。

2. 胡陵城遗址

胡陵城位于沛县龙固镇东北部，是一座存续近三千年、后湮没于黄河大水之下的历史古城，2003年《徐州年鉴》"沛县文化"条目下记载：

4月，在龙固三里庙北，于地表下5米处发现汉代墓葬5座。经过挖掘和清理，5座汉墓共出土两块完整的双面刻汉画像石、陶磨一扇，在后来施工中又发现汉代城址一处，经市博物馆专家初步勘察认定可能为汉代胡陵城遗址。[15]

除此之外，再无其他文献记录胡陵城遗址出土画像石的情况，因此有可能沛县博物馆藏的3块出土于胡陵城遗址的画像石中便有《徐州年鉴》中所记录的这2块。

3. 沛县城区

对于沛县城区的画像石，尚未找到确切文献记载，无法确定其具体出土位置及出土年代，但风格与栖山汉墓、胡陵城遗址出土的画像石较为接近。

4. 其他部分

除上述画像石外，更多的是没有过任何文献著录的画像石，汉城公园及刘氏宗祠的画像石更是以捐赠及征集为主，风格差异明显。

此次著录有一些新的发现。在清理沛县博物馆墙外那批画像石时，发现有几块原本看起来素面的石头其实有画面内容，只是由于雕刻技法为阴线刻，未经专业人员捶拓，辨别不出任何画面，清扫灰尘后，才能隐约发现一些刻画痕迹，画面有持戟人物等形象。初步推测，这类画像石可能

[15] 徐州地方志编纂委员会编《徐州年鉴·2004》，北京：方志出版社，2004年，第320页。

年代较早。

画像石再利用的问题继续出现。在整理时发现有些画像石是多次利用的，比如临时编号为JS-PX-002的画像石，其形制为一块石碑，一端被打磨平整，背面刻有碑文，应为清代所刻，背面中间又被打磨平整，磨去铭文，刻纵横直线为象棋棋盘。由此可见，该画像石至少经过两次加工与利用。JS-PX-063与其相似，也在后世被重新利用，打磨成石碑的样式，并刻有铭文。

与其他收藏地类似，沛县目前当地藏石有些来自征集和捐赠，其风格多样，除沛县地区风格的石头之外，可能还有部分来自周边地区，且没有出土信息。《汉画总录》根据分类全集（catalogue raisonné）的方法进行辨别收录，并形成体例，凡是出土地标为"馆藏"的部分就说明其来源不清晰，不可将之定为沛县的当地风格，而要与当地作联系，在使用这些石刻时应加以判断。当然，"总录观念"在编辑分类上属于分类全集的方法，可参见徐州卷前言的说明。

《汉画总录》编辑部
2020 年中秋

编号	JS-PX-001
时代	
出土/征集地	沛县栖山汉墓出土
出土/征集时间	
原石尺寸	78.5×187×15
质地	石灰岩
原石情况	原石呈长方形，左端及右上、下角皆残，右侧有一凹槽。
组合关系	

画面简述　此图为阴线刻。画面分左右两栏。左栏为乐舞题材，画面分上下两格，中央一建鼓，纵贯两格。鼓身饰卷云纹，上有双层华盖，饰流苏，两侧羽葆飘扬，鼓下左右两侧各挂一钟（铙？），下格有一人跨步，持枹击钟（铙？）。建鼓基座位于下格，为兽形。建鼓左右两侧各置一樽，再外左右两侧各一人，皆跨步，双手持枹击鼓，右侧击鼓者头顶一壶（头上方有一壶？）；再外左右两侧各一人，皆跨步反身回首作袖舞（一说巾舞，一说公莫舞）状，二人身后各立一人，左端者手持一鼗鼓（？），右端者一手持鼗鼓，一手持排箫（？）。建鼓右侧羽葆上方置一三足鼎。左、右上角各置一缸（？）形器物。下格鼓座左侧五人，皆右向而望背面端坐击掌（？），似为观者；鼓座右侧四人，皆面左跽坐，一手下按，一手抬起且持一长条状物（？）。右栏画面分上下两格，上格又分左右两栏，左栏可见二人相对跽坐六博，二人皆戴冠，身前各一熏笼（？），二人间可见博局（？），居左者一手前伸，一手扶熏笼，居右者手持算筹（？），二人上方置一樽及一盘（？），

盘内盛一耳杯（？）。居左者身后一人，手持一吾（？），面右而坐。右栏右侧一人，正面端坐左向而望，似为尊者，身旁左侧置一樽；其左二侍者，面右躬身跽坐，各手捧一盘，其中居前者盘内盛一方形物不明，居后者盘内盛二半圆形物；尊者身后右侧一人，手持一吾跽坐。下格左侧四人，皆着过膝袍，戴冠，持吾，腰间悬剑，面右而立；其右立一人，腰间悬剑，一手持简册，一手持笔书写（？），其身后一人，持吾，腰间悬剑，面左而立。左右两栏画面外四周各有双层框，框间填刻三角形线纹。原石左端残损，似仍有画面。画面整体四周有双框，框间及两栏间皆填刻菱形线纹。

著录与文献　梁爽：《徐州汉画像石乐舞图像的图像学研究》，硕士学位论文，中国矿业大学，2015 年，第 25 页，图 3-3。

收藏单位　沛县博物馆

JS-PX-001 局部

JS-PX-001 局部

JS-PX-001 局部

编号	JS-PX-002
时代	
出土/征集地	
出土/征集时间	
原石尺寸	50×265×15
质地	石灰岩
原石情况	原石呈长方形，断为左、中、右三块。
组合关系	
画面简述	此图为浅浮雕。画面左端一物（？）自左框边探出；其右一人，梳髻垂梢，着长袍，正面端坐，似为女性；其右一人，着长袍，正面跽坐；再右一人，着长袍，正面而坐；再右一人鼓瑟（或抚琴），头戴进贤冠，着长袍；其右一人，梳髻垂梢，双臂张开，长袍曳地，似为舞者。其右三人，皆手持笏（？），着长袍，袍摆左向，面右而立；再右二人对坐；再右五人，皆着长袍，袍摆向右，正面而立。右端一人，躬身面左而立。各人物之间饰垂幔（云气纹？）。画面四周有框，上、左、右三边为三层框，框间从外至内填刻斜线纹、菱形纹；下边为双框，框间填刻连弧纹。
著录与文献	梁爽：《徐州汉画像石乐舞图像的图像学研究》，硕士学位文化文，中国矿业大学，2015年，第68页，图202。
收藏单位	沛县博物馆

JS-PX-002 局部

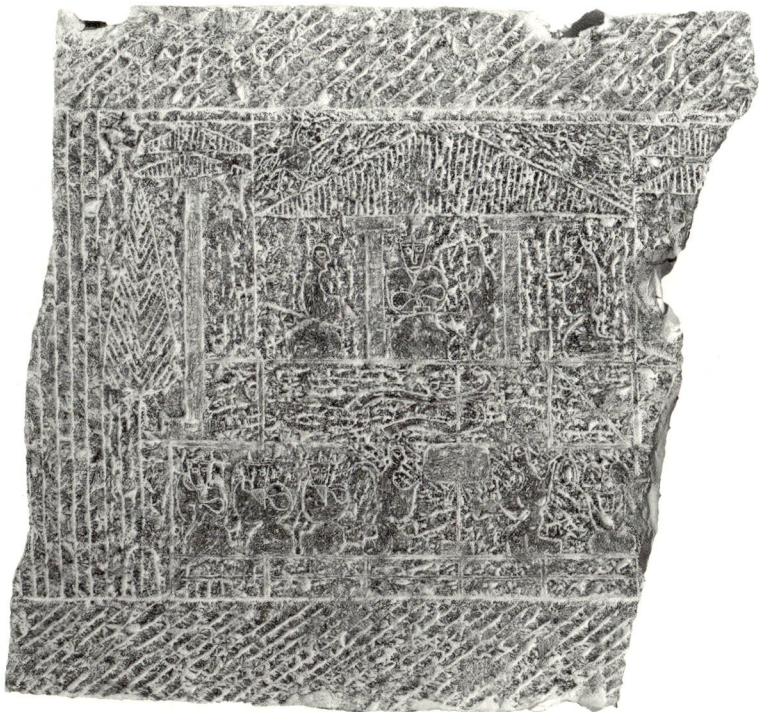

编号	JS-PX-003
时代	
出土/征集地	沛县栖山汉墓出土
出土/征集时间	
原石尺寸	83.5×96×21
质地	石灰岩
原石情况	原石呈长方形，左右两侧皆残。
组合关系	

画面简述　此图为阴线刻。画面分上下两格。上格中央一四坡顶厅堂式建筑,屋面瓦垄清晰,左侧垂脊立一鸟,右侧垂脊上方一鸟展翅左飞；檐下双柱，柱顶有双层替木（栌斗？）承檐。柱间左侧一人，凭几正面而坐，几上置一方形物不明（？），其右一人，持笏（？），面左躬身而立。左侧柱外一人，头戴武弁，腰间悬剑，面右踞坐；右侧柱外一人，手持一盘（或耳杯），面左跪立，其身前置一樽。建筑两侧各立一双层阙，右阙残，仅可见双层阙顶；左阙完整，可见双层阙顶、阙身及阙基，阙身似刻有铭文（模糊不易辨），其左自阙檐下至画面底边刻一柏（？）树（一说为常青树）。下格有"凸"字形周边，中央一建鼓，上饰羽葆，下有鼓座，建鼓两侧各一人，持桴击鼓。建鼓左侧三人正面而坐，居左者一手抚耳，右侧二人皆一手持排箫吹奏，一手抚耳。鼓右上方有一方框，内有一斜梯（？）通往上格建筑。方框下挂三钟,其下一人双手持桴向上敲击之。下格人物下方有二层栏板。画面上、下、左边有框，右边残。

著录与文献

收藏单位　沛县博物馆

JS-PX-003 局部

JS-PX-004 局部

编号	JS-PX-004
时代	
出土/征集地	
出土/征集时间	
原石尺寸	115×138.5×23
质地	石灰岩
原石情况	原石呈长方形，上方残。
组合关系	
画面简述	此图为浅浮雕。画面刻一兰锜，自上而下分别横置二殳（矛）、三戟及一剑，戟与剑之间悬二盾。画面上部残损，左、右、下三边有框。
著录与文献	
收藏单位	沛县博物馆

JS-PX-003 局部

编号	JS-PX-005
时代	
出土/征集地	
出土/征集时间	
原石尺寸	45×254.5×15
质地	石灰岩
原石情况	原石呈长方形，断为五块。
组合关系	
画面简述	此图为浅浮雕。画面分左、中、右三栏，左右两栏皆刻一柿蒂纹。中栏自右而左表现车马出行场景，最前为二导骑；其后为一马四维轺车，车轮八辐，车内坐一御者、一乘者，御者持缰；再后为一马軿车，车轮八辐；其后三从骑。车马行列上方饰垂幔。画面四周有框，上、左、右三边为双框，框间填刻双层菱形纹。
著录与文献	
收藏单位	沛县博物馆

JS-PX-005 局部

JS-PX-005 局部

编号	JS-PX-006(1)
时代	
出土/征集地	胡陵城遗址出土
出土/征集时间	
原石尺寸	70×259×14
质地	石灰岩
原石情况	原石呈长方形，断为五块，左下角残，左右两侧有凹槽。
组合关系	
画面简述	此图为阴线刻。画面分左、中、右三栏。左栏为狩猎场景，左端一人一手前伸，一手持一"T"形物，跨步右向奔跑，其下一鹿回首，另有一兽俯首而立。右侧上方一兔，其后一人持罻，左向跨步捕兔，其下一犬（？），张口撕咬一回首的野猪（？）。中栏为百戏场景，中央立一长杆，杆顶一人作袖舞（？），杆左右各斜拉一绳，绳上各有一人俯身贴绳滑下，皆四肢后举。左侧绳下一人，双手撑地倒立，举起的双腿向前弯曲；右侧绳间一人倒挂于绳上，一臂撑地，一足勾绳，一足悬空举起。右栏为虎牛相斗场景，虎张口撕咬牛颈部，二兽皆系绳索，其身后各一人一手牵绳、一手持杖。左、中、右三栏画面四周皆有双框，框内填刻三角形线纹。整体画面四周有三层框，框间及各栏间皆填刻菱形线纹。
著录与文献	梁爽:《徐州汉画像石乐舞图像的图像学研究》，硕士学位论文，中国矿业大学，2015年，第25页，图3-4。
收藏单位	沛县博物馆

JS-PX-006(1) 局部

编号	JS-PX-006(2)
时代	
出土/征集地	胡陵城遗址出土
出土/征集时间	
原石尺寸	14×259×70
质地	石灰岩
原石情况	原石呈长方形，断为五块，右侧残。
组合关系	
画面简述	此图为阴线刻。画面填刻菱形线纹。画面上、左边有框。
著录与文献	
收藏单位	沛县博物馆

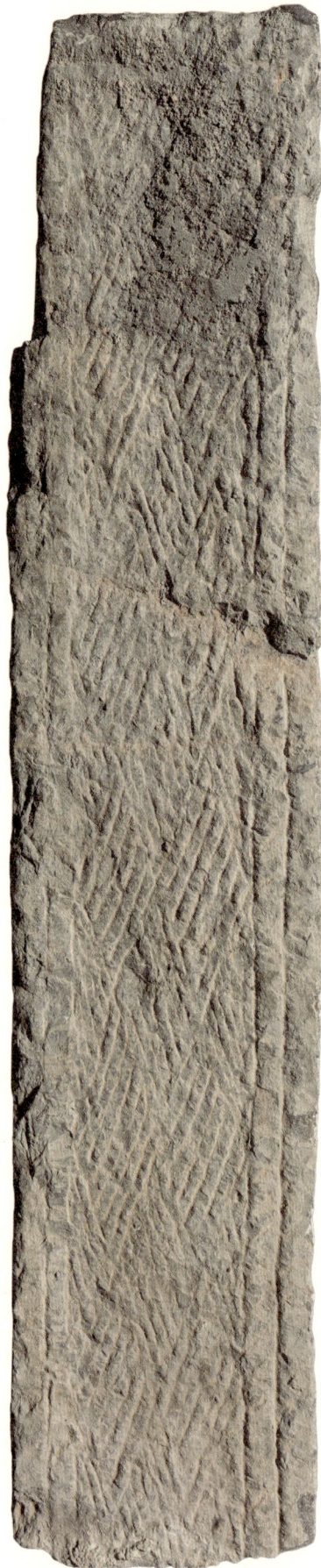

编号	JS-PX-006(3)
时代	胡陵城遗址出土
出土/征集地	
出土/征集时间	
原石尺寸	70×14×259
质地	石灰岩
原石情况	原石呈长方形，下方残。
组合关系	
画面简述	此图为阴线刻。画面填刻菱形线纹。画面上、左、右三边有框。
著录与文献	
收藏单位	沛县博物馆

编号	JS-PX-007(1)
时代	
出土/征集地	胡陵城遗址
出土/征集时间	
原石尺寸	78×261×14
质地	石灰岩
原石情况	原石呈长方形，断为左、中、右三块，右上、下角皆残，左右两侧有凹槽。

组合关系

画面简述　此图为阴线刻。画面分左、中、右三栏。左栏为乐舞场景，左端一人，拱手面右跽坐，其身前置一樽及一盘，盘内盛一耳杯（？）；其右一人，正面跽坐，一手抚耳作聆听状；其右一人，吹一管状乐器（竽？），乐器前端饰连缀两串三角形片状物；其右上一人，正面端坐；再右一人，梳三高髻垂梢（？），正面跽坐，双手鼓瑟（或抚琴）。中栏亦为乐舞场景，中央二人背对，双臂高举作袖舞（一说巾舞，一说公莫舞）状，二人皆束腰，着过膝长袍，梳高髻，回首而望；其右一人，面左跽坐，一手抚一圆形物不明（？）；再右一人，梳髻着袍，正面而立，双手于胸前作击掌状。右栏为出殡（？）场景，一牛拉一辆车（灵车？）左行，车上有网纹弧形车盖，车轮十六辐；其后二人，皆披发着袍，面东而行；车左上方二人相对伏地痛哭（？），亦披发，身前各置一竿状物（？）。左、中、右三栏画面四周皆有双框，框内填刻三角形线纹。整体画面四周有三层框，内、外层框间及各栏间皆填刻菱形线纹。

著录与文献　梁爽：《徐州汉画像石乐舞图像的图像学研究》，硕士学位论文，中国矿业大学，2015年，第68页，图201。

收藏单位　沛县博物馆

JS-PX-007(1) 局部

JS-PX-007(1) 局部

JS-PX-007(1) 局部

编号	JS-PX-007(2)
时代	
出土/征集地	胡陵城遗址出土
出土/征集时间	
原石尺寸	14×261×78
质地	石灰岩
原石情况	原石呈长方形，断为三块，左右两侧皆残。
组合关系	
画面简述	此图为阴线刻。画面填刻菱形线纹。画面上边有框。
著录与文献	
收藏单位	沛县博物馆

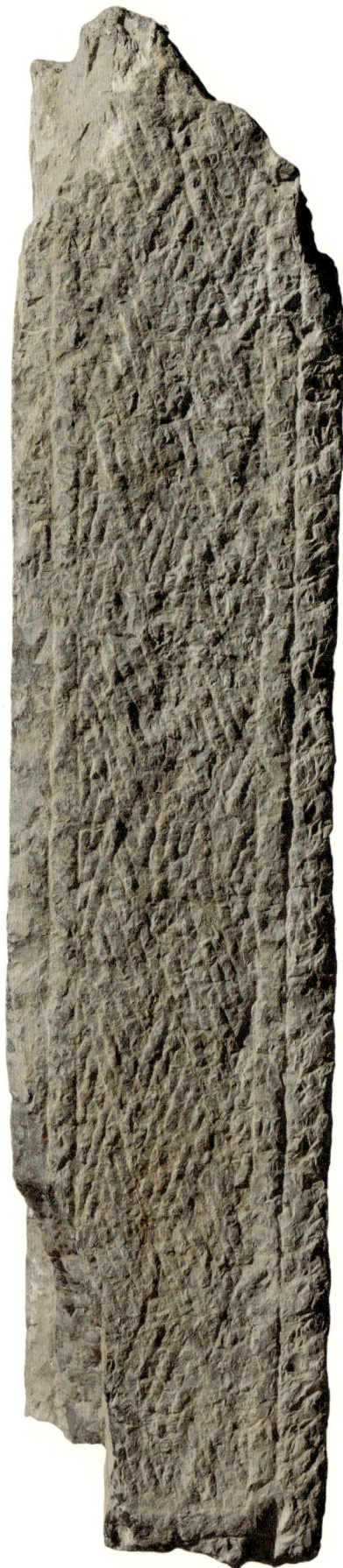

编号	JS-PX-007(3)
时代	
出土/征集地	胡陵城遗址出土
出土/征集时间	
原石尺寸	78×14×261
质地	石灰岩
原石情况	原石呈长方形，上、下方皆残。
组合关系	
画面简述	此图为阴线刻。画面填刻菱形线纹。画面左、右边有框。
著录与文献	
收藏单位	沛县博物馆

编号	JS-PX-008(1)
时代	
出土/征集地	沛县城区出土
出土/征集时间	
原石尺寸	83×85×16.5
质地	石灰岩
原石情况	原石呈长方形，右上角略残。
组合关系	
画面简述	此图为阴线刻。画面中央一双（或三？）层圆环，环外上、下、左、右四个方位各饰一三角形物；上部一凤鸟，头生羽冠，尾分多歧，口衔一珠串，展翅面右而飞；下部亦有一凤鸟，头生羽冠，尾分多歧，口衔一鱼，面右而飞，其尾后一羽人（？），右向跨步，一手前伸，一手高举，一说为羽人戏凤（？）。画面四周有三层框，框间皆填刻菱形线纹。
著录与文献	
收藏单位	沛县博物馆

JS-PX-008(1) 局部

编号	JS-PX-008(2)
时代	
出土/征集地	沛县城区出土
出土/征集时间	
原石尺寸	16.5×85×83
质地	石灰岩
原石情况	原石呈长方形，左右两侧皆残。
组合关系	
画面简述	此图为阴线刻。画面填刻菱形线纹。画面上、下边有框。
著录与文献	
收藏单位	沛县博物馆

编号	JS-PX-009
时代	
出土/征集地	沛县栖山汉墓出土
出土/征集时间	
原石尺寸	82×117×13
质地	石灰岩
原石情况	原石呈长方形，基本完整。
组合关系	
画面简述	此图为阴线刻。画面表现建筑人物场景。中央一四坡顶厅堂式建筑，正脊平直，屋面瓦垄清晰，左、右垂脊上各一鸟，展翅相对而立。檐下双柱，柱间二人相对踞坐，身前皆置一熏笼（？），二人间置六博盘，居右者手持算筹。建筑右下方一兽（犬？），身披条纹，左向奔走，其面前一鸟（鸡？）。
著录与文献	
收藏单位	沛县博物馆

JS-PX-009 局部

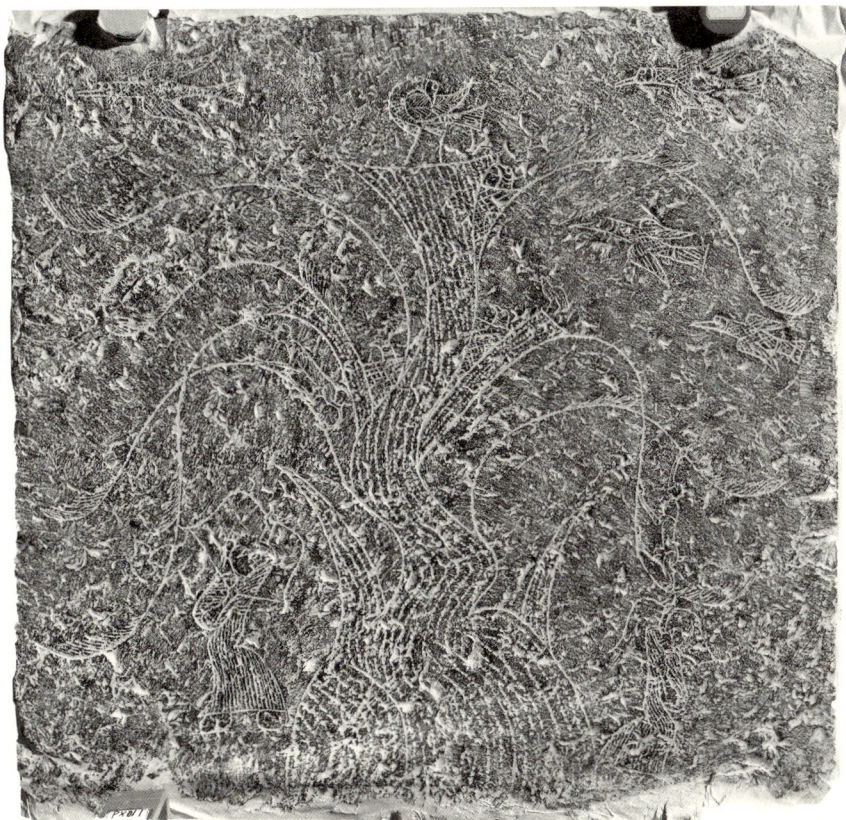

编号	JS-PX-010
时代	
出土/征集地	沛县栖山汉墓出土
出土/征集时间	
原石尺寸	77×81×17
质地	石灰岩
原石情况	原石呈长方形，基本完整。
组合关系	
画面简述	此图为阴线刻。画面中央一树，树干呈"S"形，树干顶部立一鹳鸟（？），回首啄其羽翼，树枝间有三网状鸟巢，各有一鸟首自鸟巢内探出，右侧下方鸟巢旁树枝上立一鸟。左右两侧树枝上各有一猴，皆攀树枝而上。与二猴相对应，树下左右各一人，张弓仰射猴。树枝间及树上方有飞鸟四只，皆展翅面左而飞。此图一说为"射侯（猴）射爵（雀）图"。
著录与文献	
收藏单位	沛县博物馆

JS-PX-010 局部

编号	JS-PX-011(1)
时代	
出土/征集地	沛县栖山汉墓出土
出土/征集时间	
原石尺寸	76×81×17.5
质地	石灰岩
原石情况	原石呈长方形，基本完整。
组合关系	
画面简述	此图为阴线刻。画面刻"十"字穿双环，环两侧各一龙，二龙张口相对，皆一足踏于环上，一足触边框；环下二鸟，昂首面左而立。画面四周有三层框，外框间填刻菱形线纹。
著录与文献	
收藏单位	沛县博物馆

JS-PX-011(1) 局部

编号	JS-PX-011(2)
时代	
出土/征集地	沛县栖山汉墓出土
出土/征集时间	
原石尺寸	17.5×81×76
质地	石灰岩
原石情况	原石呈长方形，左右两侧皆残。
组合关系	
画面简述	此图为阴线刻。画面填刻菱形线纹。画面上、下边有框。
著录与文献	
收藏单位	沛县博物馆

编号	JS-PX-012(1)
时代	
出土/征集地	胡陵城遗址出土
出土/征集时间	
原石尺寸	86×270×13
质地	石灰岩
原石情况	原石呈长方形，基本完整，左右两侧各有一凹槽。
组合关系	
画面简述	此图为阴线刻。画面分左、中、右三栏。左栏上部一人，持戟面右踞坐；其右一人，凭几正坐；再右二人相对而立技击，皆身着及膝袍，居左者一手捧盾，一手持刀（或剑）扬起，居右者双手持一长戟左刺。中部左侧一犬（？），四肢伏地，作观察状；其右二鸡相斗。下部左端一人持戟，面右而立；其右一马轺车，向右而行，车上有一御者、一乘者，御者一手控缰一手持鞭；其右一人持戟，面左而立，身着过膝袍；再右二骑，居上者左行，居下者右行，骑手腰间悬剑（？）。中栏表现庖厨题材，画面左上角一灶，灶上置一甑，甑上有蒸汽冒出，灶前一人面左，似为炊事；灶下方一案，案上置一缸（？）；其下一井，可见井台，井台内以绳悬一汲水壶（罐？），系于一斜杆之上，杆的另一端系一绳于井外，绳端系一圆形物，似为取水装置。画面中部上方一横架，架上悬二猪（？）腿（一说为火腿）；其下一人，面右持刀踞坐于案前；案右下方一人，面左持刀；其下一牛，牛左下一人，一手牵牛，仅可见上半身。画面右侧上方一凤（或鸾）鸟收翅面左而立，尾分多歧，俯首，口衔一圆形物（丹丸？）；其下亦有一凤（或鸾）鸟收翅面左而立，头生羽冠，尾分二歧，口衔一圆形物（丹丸？）。右栏上方左端一人，面右躬身而立；其右一人稍小，持吾，面左而立；再右一人立，画面漫漶，细节不可辨；再右一鸟首人身神怪，面左而立；其身后一人，腰间悬剑，面右躬身而立，其右一人面左而立。人物和神怪皆身着过膝袍。下方左端一人，右向跨步而行；其右一人，手持弓弩右行；再右一人，持棨戟右行；其右一人，捧盾右行；再右一人，抬臂跨步左行。此五人皆身着过膝袍。左、中、右三栏画面四周皆有框，其中上、左、右三边皆为双框，框间填刻菱形线纹。整体画面四周有双框，框间及各栏间皆填刻菱形线纹。
著录与文献	
收藏单位	沛县博物馆

JS-PX-012(1) 局部

编号	JS-PX-012(2)
时代	
出土/征集地	胡陵城遗址出土
出土/征集时间	
原石尺寸	13×270×86
质地	石灰岩
原石情况	原石呈长方形，基本完整。
组合关系	
画面简述	此图为阴线刻。画面填刻菱形线纹。画面四周有框。
著录与文献	
收藏单位	沛县博物馆

编号	JS-PX-012(3)
时代	
出土/征集地	胡陵城遗址出土
出土/征集时间	
原石尺寸	86×13×270
质地	石灰岩
原石情况	原石呈长方形，下方残损。
组合关系	
画面简述	此图为浅浮雕。画面填刻双层菱形纹。画面上、左、右三边有框。
著录与文献	
收藏单位	沛县博物馆

编号	JS-PX-013
时代	
出土/征集地	沛县城区出土
出土/征集时间	
原石尺寸	37×138×25
质地	石灰岩
原石情况	原石呈长方形，左侧残。
组合关系	
画面简述	此图为浅浮雕。画面自左而右分四栏。第一栏残损，仅可见一方形格的局部；第二栏二鱼，并列向下；第三栏分上下两格，上格填刻三角形纹，下格填刻双层菱形纹；最右栏刻一柏树（常青树？），树左右两侧各一半圆形。画面上、下、右三边有框，其中第一栏上、右有三层框，外框间填刻连弧纹；第三栏上、左、右三边有三层框，外框间填刻连弧纹。
著录与文献	
收藏单位	沛县博物馆

编号	JS-PX-014
时代	
出土/征集地	
出土/征集时间	
原石尺寸	69×231×26.5
质地	石灰岩
原石情况	原石呈长方形，基本完整。
组合关系	
画面简述	此图为浅浮雕。画面主体为二龙穿三璧，二龙皆张口露齿，通身披鳞，相互缠绕，回首相对。二龙身下有二鱼相对。画面四周有双框，上、左、右三边框间填刻连弧纹，下边框间填刻三角形线纹。
著录与文献	
收藏单位	沛县博物馆

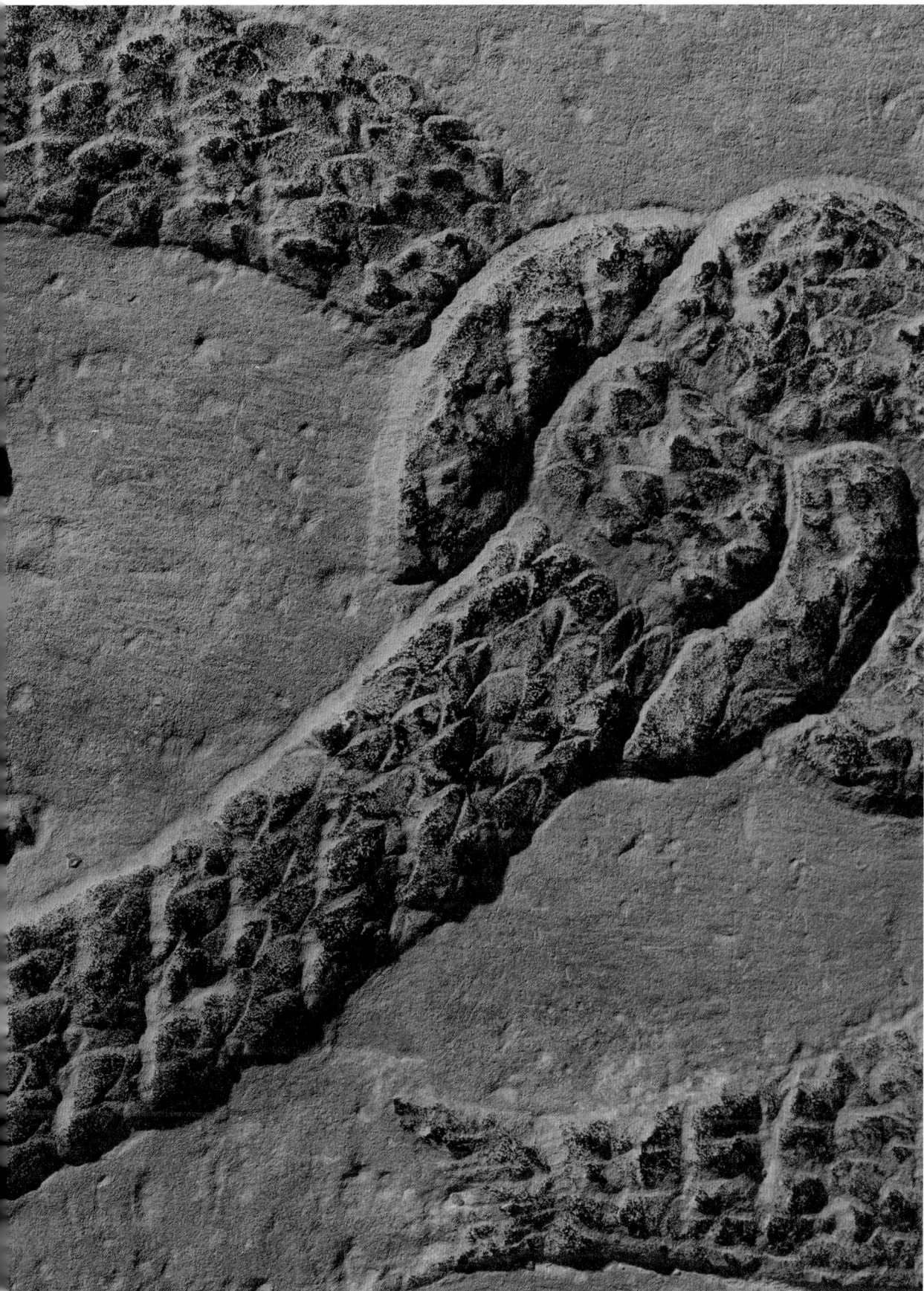

JS-PX-014 局部

JS-PX-014 局部

JS-PX-014 局部

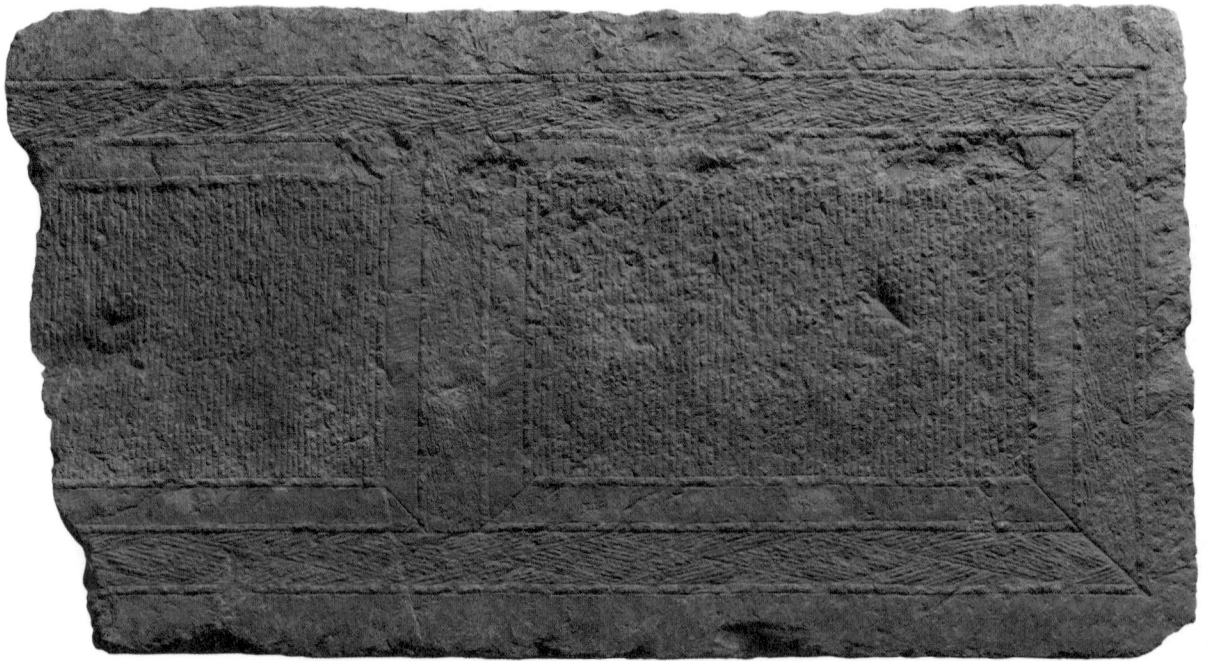

编号	JS-PX-015(1)
时代	
出土/征集地	
出土/征集时间	
原石尺寸	77×144×18
质地	石灰岩
原石情况	原石呈长方形，左侧残。
组合关系	
画面简述	此图为阴线刻。画面分左右两栏，皆填刻竖线纹。两栏四周皆有双框。整体画面上、下、右三边有双框，框间及两栏间填刻菱形线纹。
著录与文献	
收藏单位	沛县博物馆

编号	JS-PX-015(2)
时代	
出土/征集地	
出土/征集时间	
原石尺寸	18×144×77
质地	石灰岩
原石情况	原石呈长方形，左右两侧皆残。
组合关系	
画面简述	此图为阴线刻。画面填刻菱形线纹。画面上、下边有框。
著录与文献	
收藏单位	沛县博物馆

编号	JS-PX-016
时代	
出土/征集地	
出土/征集时间	
原石尺寸	94×163×13
质地	石灰岩
原石情况	原石呈长方形，右端残。
组合关系	
画面简述	此图为阴线刻。画面中央可见二人，着过膝袍，相对拱手而立。
著录与文献	
收藏单位	沛县博物馆

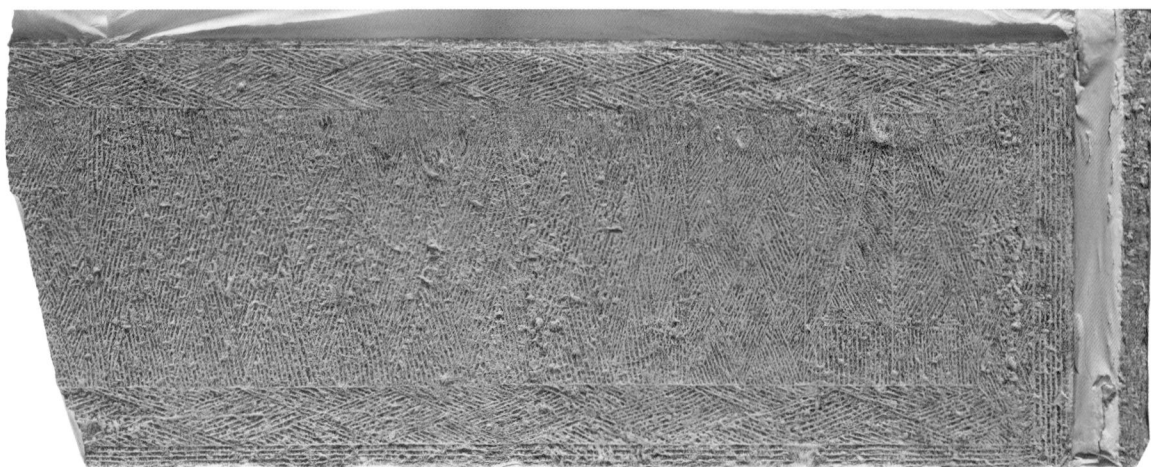

编号	JS-PX-017
时代	
出土/征集地	
出土/征集时间	
原石尺寸	73×184×14
质地	石灰岩
原石情况	原石呈长方形，左侧残，右侧有一凹槽。
组合关系	
画面简述	此图为阴线刻。画面右下角填刻竖线纹，其余皆为菱形线纹。画面上、下、右三边有双框，框间填刻菱形线纹。
著录与文献	
收藏单位	沛县博物馆

编号	JS-PX-018(1)
时代	
出土/征集地	
出土/征集时间	
原石尺寸	66×245×13
质地	石灰岩
原石情况	原石呈长方形，基本完整，左右两侧各有一凹槽。
组合关系	
画面简述	此图为阴线刻。画面分七栏，中栏左、右各三栏，两两对称。中栏刻"十"字穿璧，其两侧栏内皆刻一柏树（一说为常青树），树顶各立一鸟，两相背对；再外一栏皆填刻菱形线纹；最外栏刻"十"字穿璧，璧四周及内部填刻三角形线纹。画面四周有双框，框间填刻菱形线纹。
著录与文献	
收藏单位	沛县博物馆

编号	JS-PX-018(2)
时代	
出土/征集地	
出土/征集时间	
原石尺寸	13×245×66
质地	石灰岩
原石情况	原石呈长方形，左右两端略残。
组合关系	
画面简述	此图为阴线刻。画面填刻菱形线纹。画面上、下边有框。
著录与文献	
收藏单位	沛县博物馆

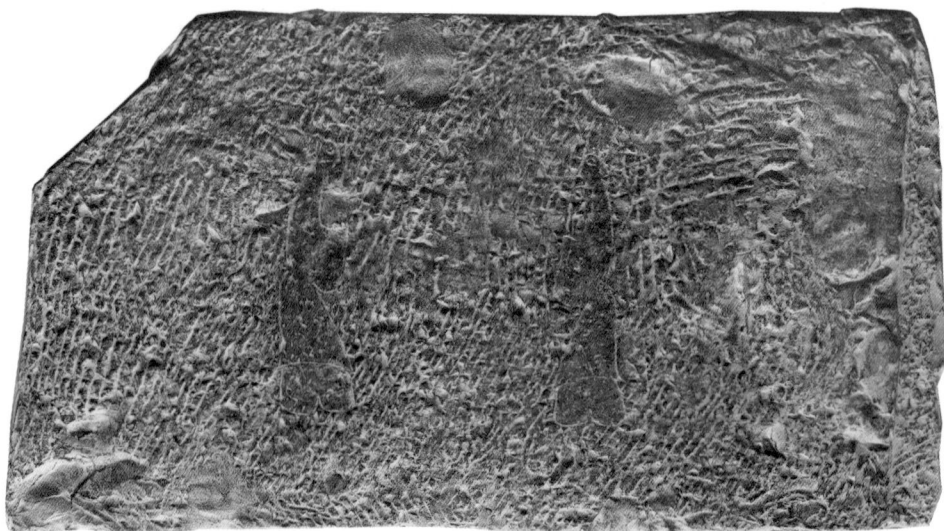

编号	JS-PX-019
时代	
出土/征集地	
出土/征集时间	
原石尺寸	92.5×167×13.5
质地	石灰岩
原石情况	原石呈长方形，左端残。
组合关系	
画面简述	此图为阴线刻。画面中央可见二人，皆着过膝袍，相对拱手而立。
著录与文献	
收藏单位	沛县博物馆

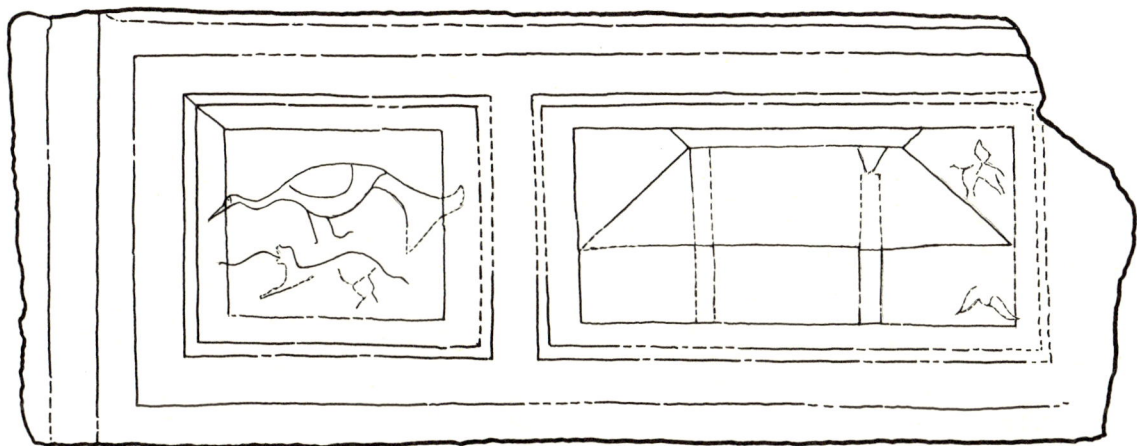

编号	JS-PX-020
时代	
出土/征集地	
出土/征集时间	
原石尺寸	77.5×201×14
质地	石灰岩
原石情况	原石呈长方形，右侧残，左侧有一凹槽。
组合关系	
画面简述	此图为阴线刻。画面分左右两栏。左栏为一鹳（鸟）啄一鱼（？），鹳颈部较长，弯向地面。右栏刻一四坡顶建筑（？）。左右两栏画面四周皆有双框，框间填刻三角形线纹。画面上、下、左三边有双框，框间及两栏间皆填刻菱形线纹。
著录与文献	
收藏单位	沛县博物馆

编号	JS-PX-021
时代	
出土/征集地	
出土/征集时间	
原石尺寸	104×114×24
质地	石灰岩
原石情况	原石呈不规则四边形，基本完整。
组合关系	
画面简述	无图像，仅见凿痕。
著录与文献	
收藏单位	沛县博物馆

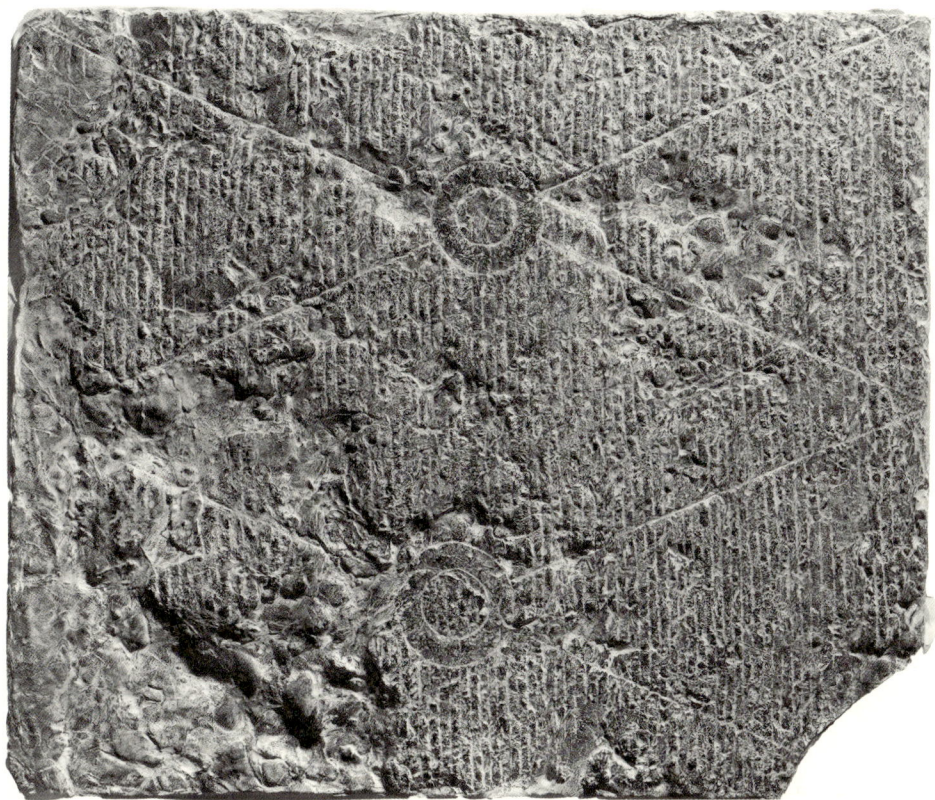

编号	JS-PX-022
时代	
出土/征集地	
出土/征集时间	
原石尺寸	137×113×22
质地	石灰岩
原石情况	原石呈长方形，一角残。
组合关系	
画面简述	此图为阴线刻。画面刻"十"字穿环。
著录与文献	
收藏单位	沛县博物馆

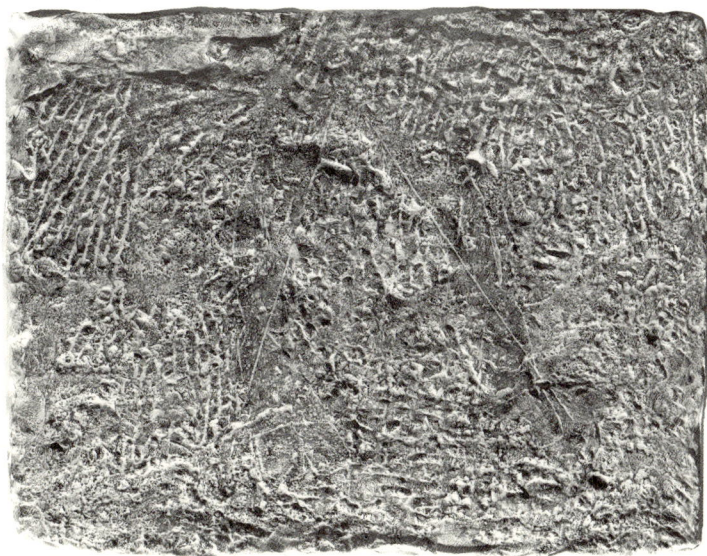

编号	JS-PX-023
时代	
出土/征集地	
出土/征集时间	
原石尺寸	89×116×15
质地	石灰岩
原石情况	原石呈长方形，基本完整。
组合关系	
画面简述	此图为阴线刻。画面中央二人，皆着过膝袍，手持一竿状物（棨戟？）相对而立。
著录与文献	
收藏单位	沛县博物馆

编号	JS-PX-024
时代	
出土/征集地	
出土/征集时间	
原石尺寸	74×134×15
质地	石灰岩
原石情况	原石呈长方形，左右两侧皆残。
组合关系	
画面简述	此图为阴线刻。画面分左右两栏。左栏刻"十"字穿环，环四周及内部填刻三角形线纹；右栏填刻竖向线纹。左右两栏画面四周皆有框。整体画面上、下、左三边有框。
著录与文献	
收藏单位	沛县博物馆

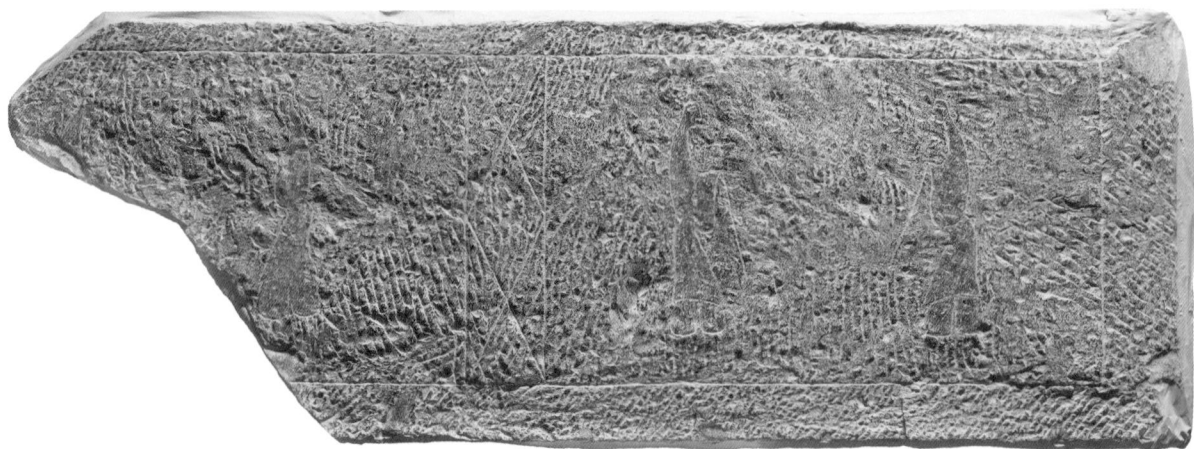

编号	JS-PX-025
时代	
出土/征集地	
出土/征集时间	
原石尺寸	90×247×13.5
质地	石灰岩
原石情况	原石呈长方形，左侧残。
组合关系	
画面简述	此图为阴线刻。画面分左、中、右三栏。左栏残损，可见一人，着过膝袍，面左而立，其身前一物不明；中栏刻菱形纹；右栏为二人，皆着过膝袍，手执一杖（？），相对而立。画面上、下、右三边有框。
著录与文献	
收藏单位	沛县博物馆

编号	JS-PX-026
时代	
出土/征集地	
出土/征集时间	
原石尺寸	77×80×11
质地	石灰岩
原石情况	原石呈方形，基本完整。
组合关系	
画面简述	此图为阴线刻。画面中央为一四坡顶建筑，屋面瓦垄清晰。画面四周有三层框，框间由内至外填刻三角形线纹、菱形线纹。
著录与文献	
收藏单位	沛县博物馆

编号	JS-PX-027
时代	
出土/征集地	
出土/征集时间	
原石尺寸	74×108×15
质地	石灰岩
原石情况	原石呈长方形，右侧残，左侧有一凹槽。
组合关系	
画面简述	此图为阴线刻。画面分左、中、右三栏。左栏刻"十"字穿环，环四周及内部皆填刻三角形线纹。中栏填刻菱形线纹。右栏残损，画面分上下两格，上格左侧一柏树（一说为常青树），右侧一四坡顶厅堂式建筑，屋脊上方有一飞鸟；下格画面漫漶，可见一辎车车顶及车轮（？）。画面上、左、右三边有双框，框间填刻菱形线纹。
著录与文献	
收藏单位	沛县博物馆

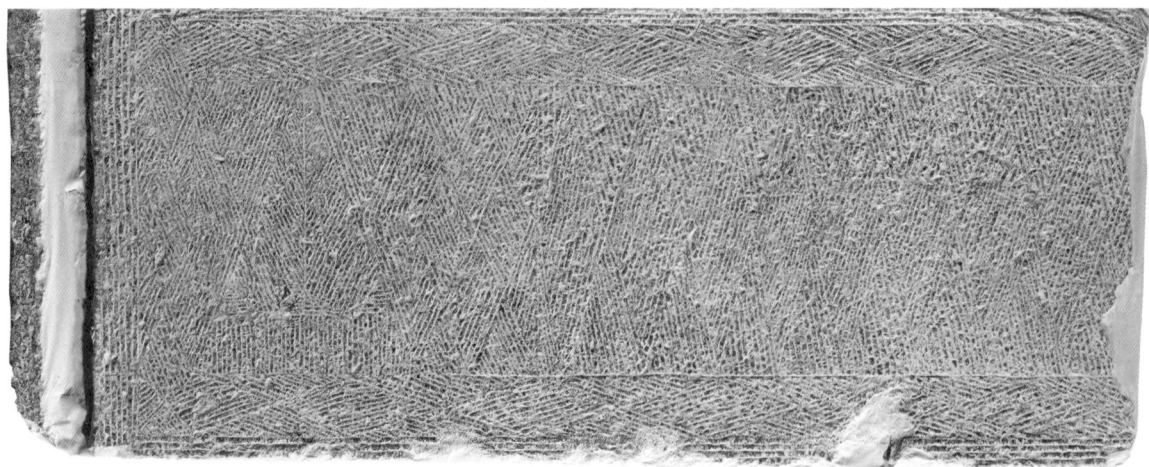

编号	JS-PX-028
时代	
出土/征集地	
出土/征集时间	
原石尺寸	73×163.5×13
质地	石灰岩
原石情况	原石呈长方形，右侧残，左侧有一凹槽。
组合关系	
画面简述	此图为阴线刻。画面左侧刻一柏树（一说为常青树），树两侧皆刻菱形线纹补白。画面上、下、左三边有框，其中上、下为双框，框间填刻菱形线纹。
著录与文献	
收藏单位	沛县博物馆

编号	JS-PX-029
时代	
出土/征集地	
出土/征集时间	
原石尺寸	67×74.5×13
质地	石灰岩
原石情况	原石呈方形，右下角略残。
组合关系	
画面简述	此图为阴线刻。画面刻二柏树（一说为常青树），树顶各立一鸟，皆另有一鸟与之相对，喙部相抵。画面四周有双框，框间填刻菱形线纹。
著录与文献	
收藏单位	沛县博物馆

编号	JS-PX-030
时代	
出土/征集地	
出土/征集时间	
原石尺寸	69×242×13
质地	石灰岩
原石情况	原石呈长方形，基本完整，左右两侧各有一凹槽。
组合关系	
画面简述	此图为阴线刻。画面分七栏，中栏左右各三栏，两两对称。中栏刻"十"字穿璧，其两侧栏内皆刻一柏树（一说为常青树），树顶各立一鸟，二鸟相对；再外一栏皆填刻菱形线纹；最外栏刻"十"字穿环，环四周及内部填刻三角形线纹。画面四周有双框，框间填刻菱形线纹。
著录与文献	
收藏单位	沛县博物馆

编号	JS-PX-031
时代	
出土/征集地	
出土/征集时间	
原石尺寸	66×69×8
质地	石灰岩
原石情况	原石呈长方形，左右两侧皆残。
组合关系	
画面简述	此图为阴线刻。画面填刻菱形线纹（？）。画面上、下有框，其中下边为双框，框间填刻菱形线纹。
著录与文献	
收藏单位	沛县博物馆

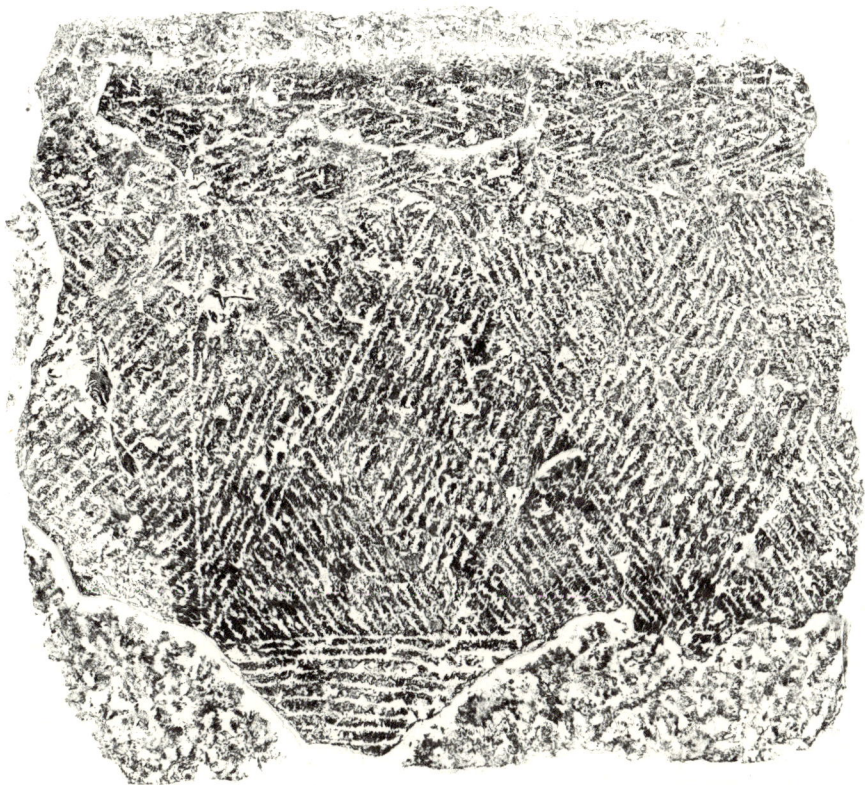

编号	JS-PX-032
时代	
出土/征集地	
出土/征集时间	
原石尺寸	65×76×8
质地	石灰岩
原石情况	原石呈长方形，左右两侧皆残。
组合关系	
画面简述	此图为阴线刻。画面填刻菱形线纹。画面上、下、左三边有框，其中上边为双框，框间填刻菱形线纹。
著录与文献	
收藏单位	沛县博物馆

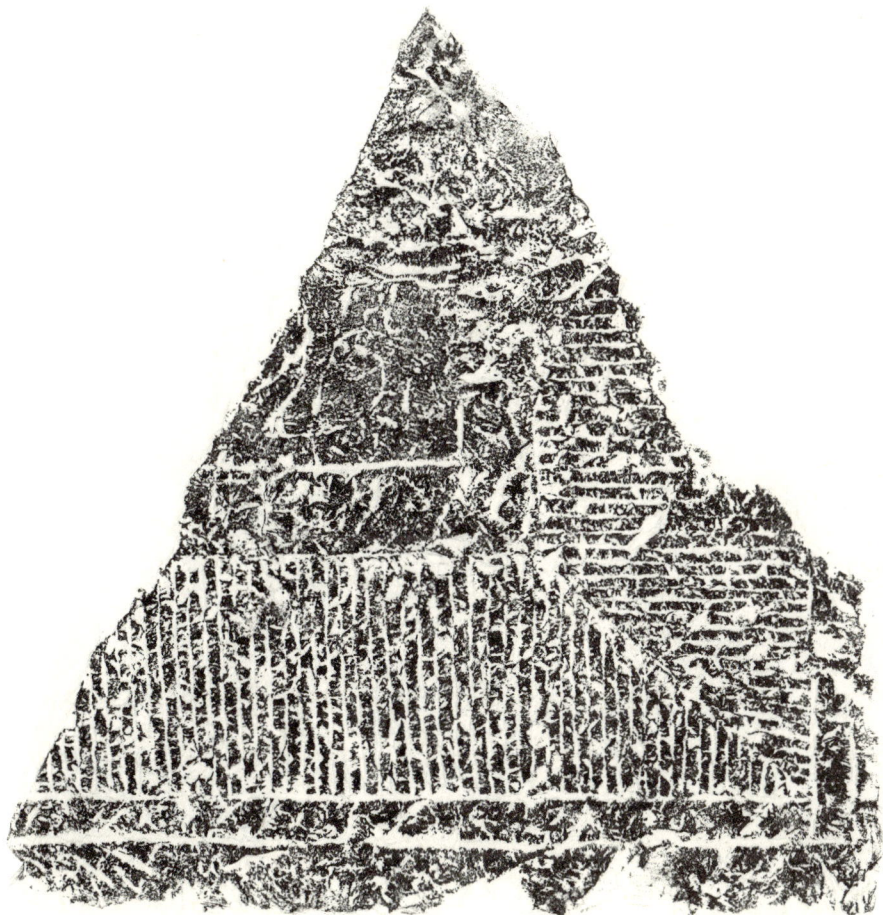

编号	JS-PX-033(1)
时代	
出土/征集地	
出土/征集时间	
原石尺寸	50×50×14
质地	石灰岩
原石情况	原石残，仅余一角。
组合关系	
画面简述	此图为浅浮雕。画面残损，仅可见双边框，框间填刻线纹。
著录与文献	
收藏单位	沛县博物馆

PX33-2

编号	JS-PX-033(2)
时代	
出土/征集地	
出土/征集时间	
原石尺寸	14×50×50
质地	石灰岩
原石情况	原石残，仅余一角。
组合关系	
画面简述	此图为浅浮雕。画面填刻双层菱形线纹。画面上、下边有框。
著录与文献	
收藏单位	沛县博物馆

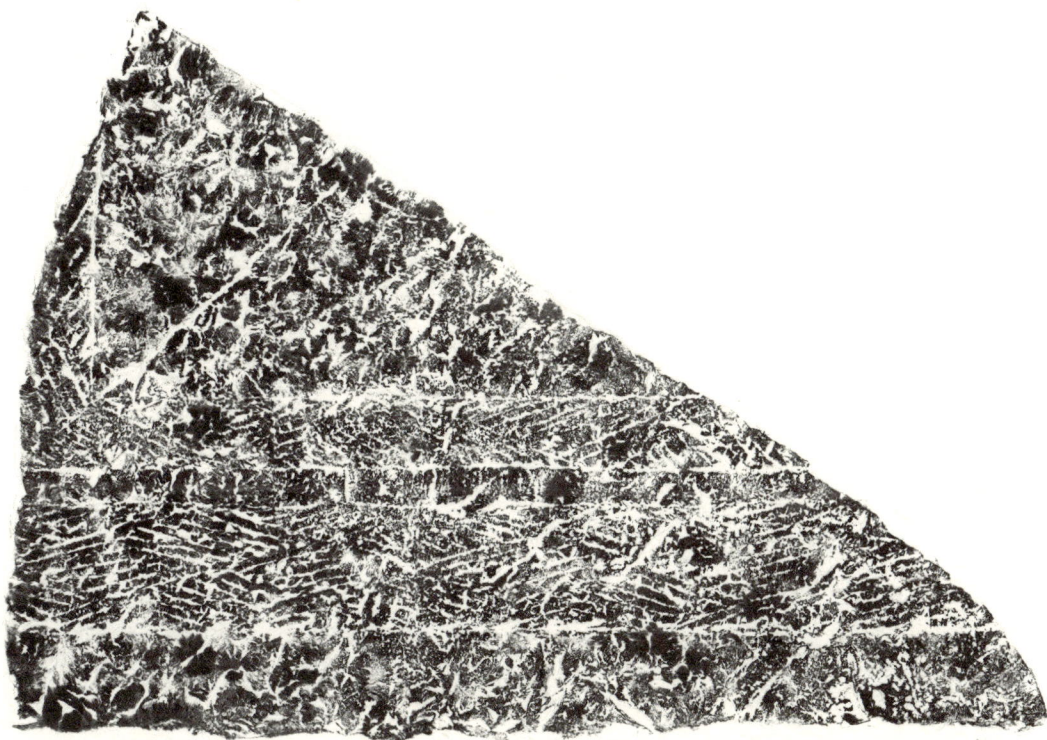

编号	JS-PX-034
时代	
出土/征集地	
出土/征集时间	
原石尺寸	44×64×14
质地	石灰岩
原石情况	原石残，仅余一边。
组合关系	
画面简述	此图为阴线刻。画面残损，可见一"十"字穿环形象局部。画面左、下边有框，其中下边为双框，框间填刻菱形线纹。
著录与文献	
收藏单位	沛县博物馆

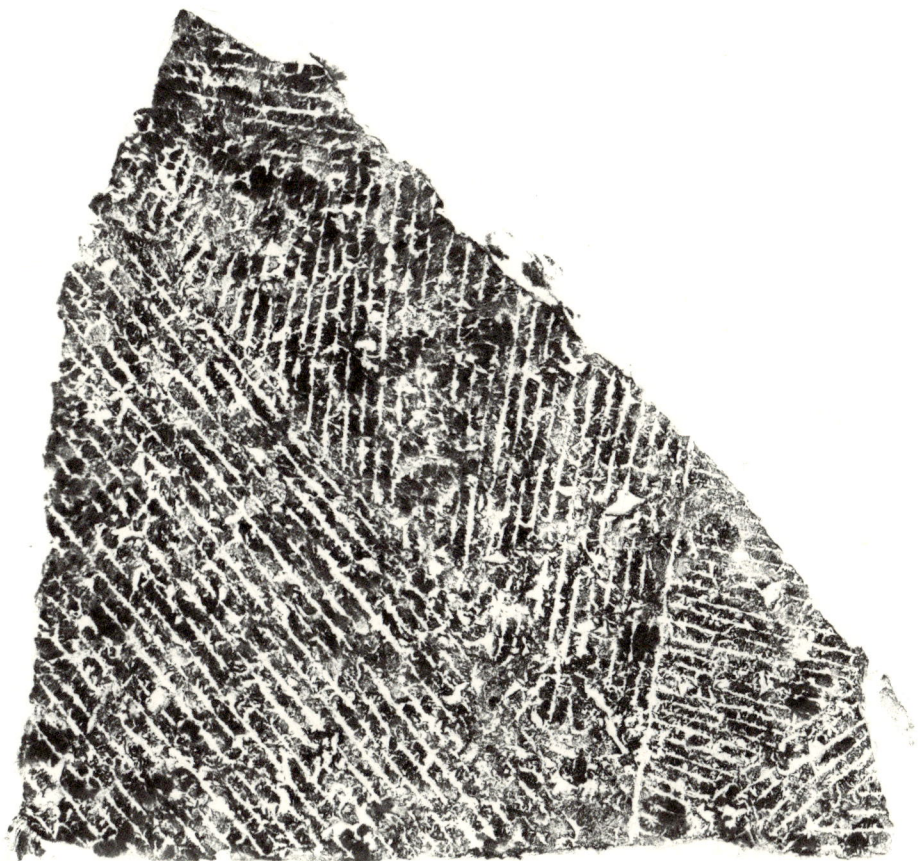

编号	JS-PX-035
时代	
出土/征集地	
出土/征集时间	
原石尺寸	51×61×15
质地	石灰岩
原石情况	原石残，仅余一块局部。
组合关系	
画面简述	此图为阴线刻。画面残损，仅可见不规则方向线纹。
著录与文献	
收藏单位	沛县博物馆

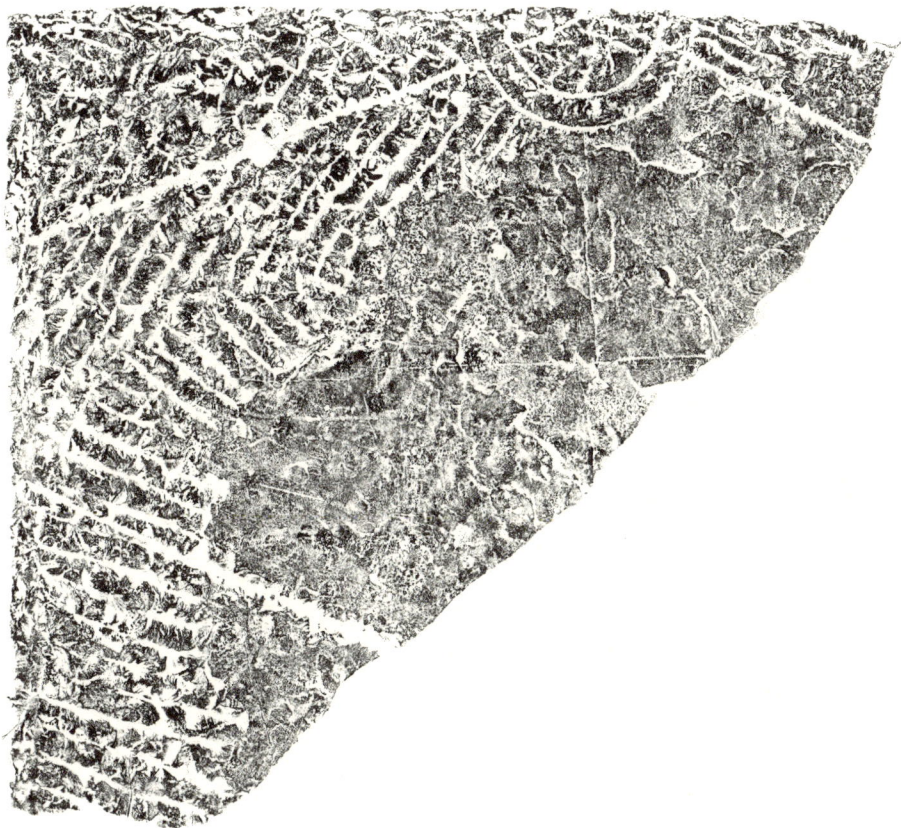

编号	JS-PX-036
时代	
出土/征集地	
出土/征集时间	
原石尺寸	76×65×18
质地	石灰岩
原石情况	原石残，仅余一块局部。
组合关系	
画面简述	此图为阴线刻。画面残损，仅可见二"十"字穿环形象局部。
著录与文献	
收藏单位	沛县博物馆

编号	JS-PX-037(1)
时代	
出土/征集地	
出土/征集时间	
原石尺寸	67×74×13
质地	石灰岩
原石情况	原石呈方形，基本完整。
组合关系	
画面简述	此图为阴线刻。画面主体为一铺首衔环，铺首环目虬髯；环两侧各一人，二人相对而立，皆着束腰长袍，居左者手执一戟（？），居右者腰间悬剑（？）；环内中心一小圆，以小圆为中心刻双层"十"字线（？），含义不明。画面四周有双框，框间填刻菱形线纹。
著录与文献	
收藏单位	沛县博物馆

编号	JS-PX-037(2)
时代	
出土/征集地	
出土/征集时间	
原石尺寸	13×74×67
质地	石灰岩
原石情况	原石呈长方形，左右两端略残。
组合关系	
画面简述	此图为阴线刻。画面填刻菱形线纹。画面上、下边有框。
著录与文献	
收藏单位	沛县博物馆

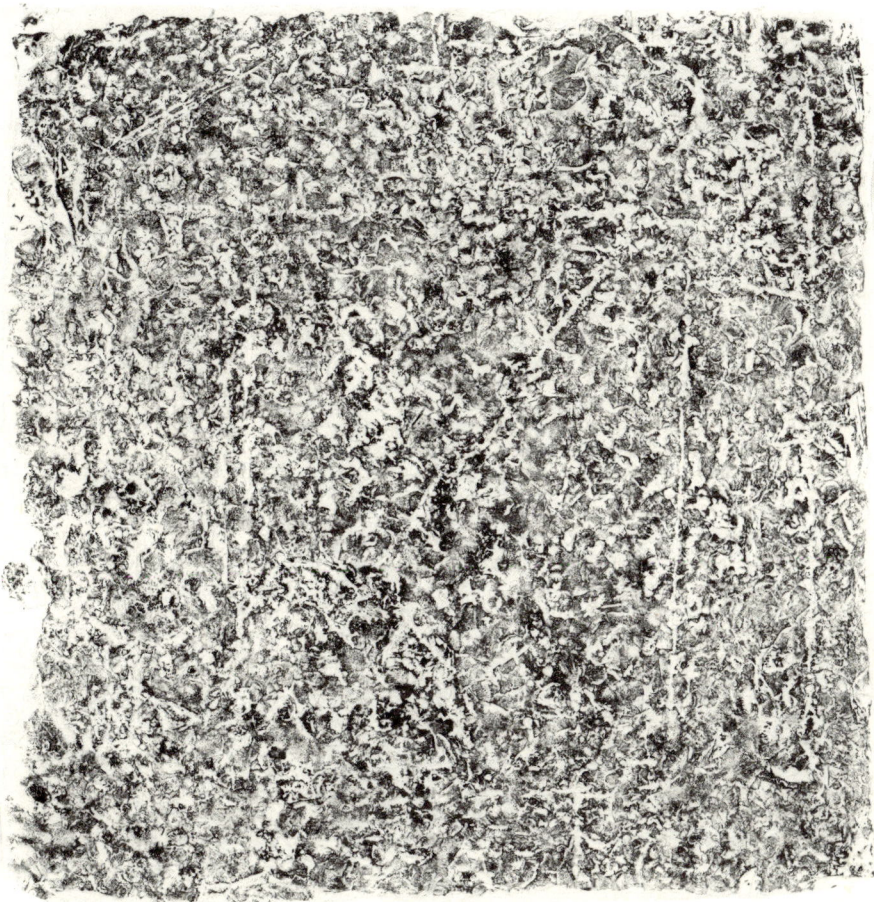

编号	JS-PX-038
时代	
出土/征集地	
出土/征集时间	
原石尺寸	$69 \times 68 \times 9$
质地	石灰岩
原石情况	原石呈方形，基本完整。
组合关系	
画面简述	此图为阴线刻。画面漫漶较严重，中央刻一符号"X"。画面上、左、右三边有双框。
著录与文献	
收藏单位	沛县博物馆

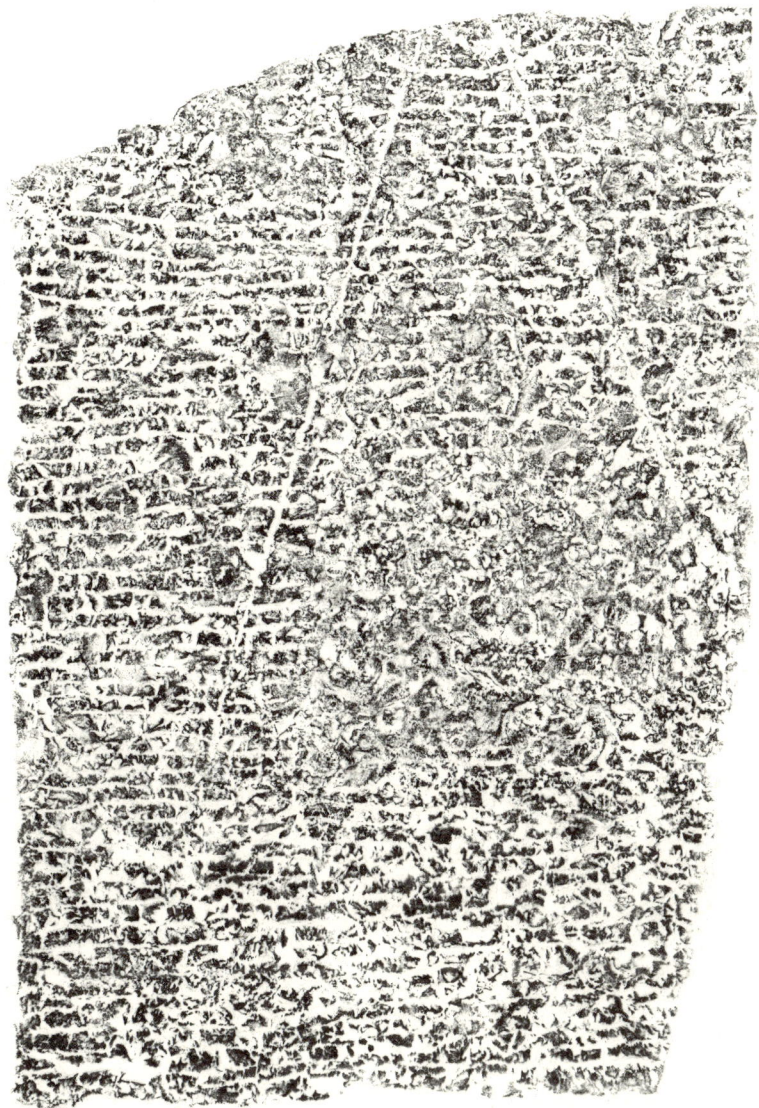

编号	JS-PX-039
时代	
出土/征集地	
出土/征集时间	
原石尺寸	67×50×14
质地	石灰岩
原石情况	原石呈长方形，上方残。
组合关系	
画面简述	此图为阴线刻。画面残损，仅可见一个"十"字穿环形象局部。
著录与文献	
收藏单位	沛县博物馆

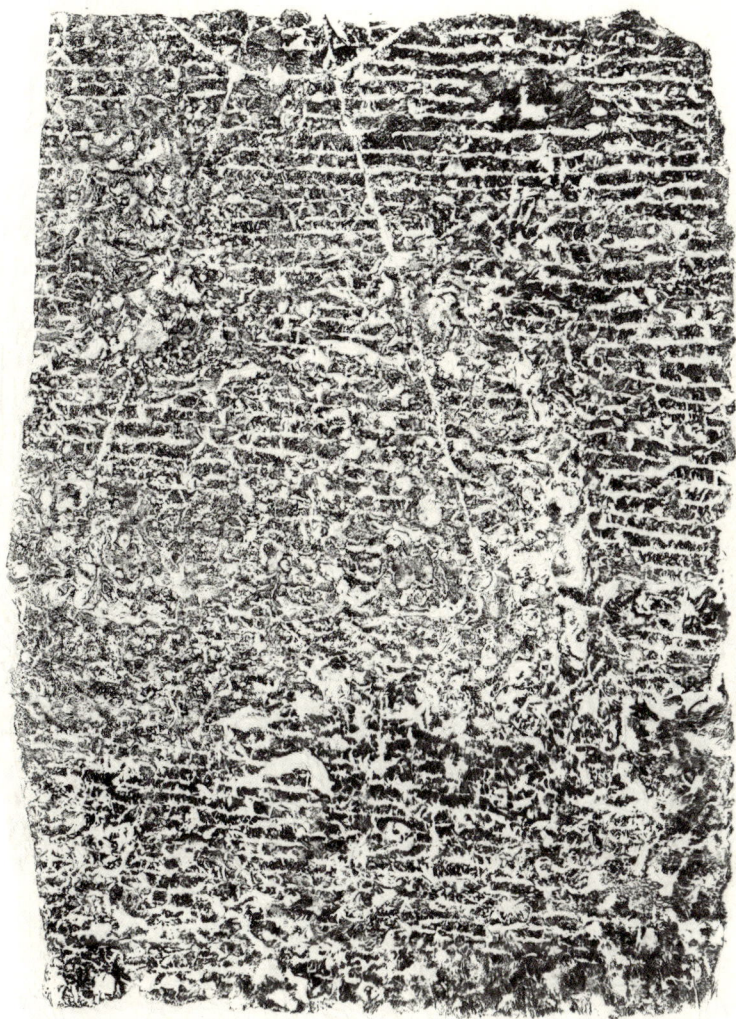

编号	JS-PX-040
时代	
出土/征集地	
出土/征集时间	
原石尺寸	66.5×48×12
质地	石灰岩
原石情况	原石呈长方形，上方残。
组合关系	
画面简述	此图为阴线刻。画面残损，仅可见一个"十"字穿环形象局部。
著录与文献	
收藏单位	沛县博物馆

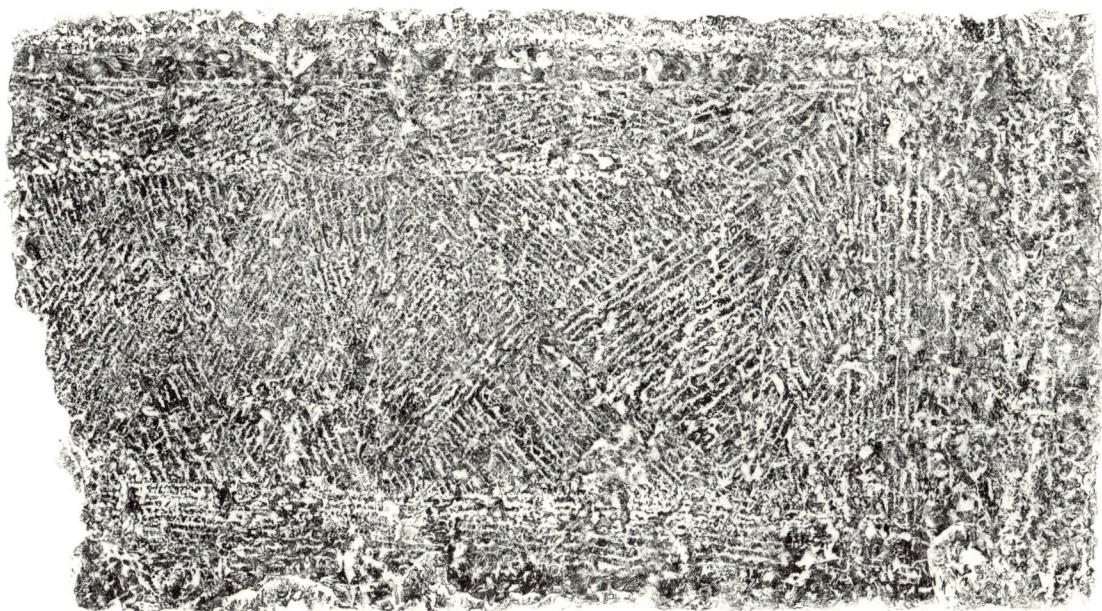

编号	JS-PX-041
时代	
出土/征集地	
出土/征集时间	
原石尺寸	63×124×8
质地	石灰岩
原石情况	原石呈长方形，左侧残，右侧有一凹槽。
组合关系	
画面简述	此图为阴线刻。画面分左右两栏，左栏填刻菱形线纹，右栏填刻三角形线纹。画面上、下、右三边有双框，上、右框间填刻菱形线纹，下边框间填刻横向线纹。
著录与文献	
收藏单位	沛县博物馆

编号	JS-PX-042
时代	
出土/征集地	
出土/征集时间	
原石尺寸	113×97×13
质地	石灰岩
原石情况	原石残，仅余一块局部。
组合关系	
画面简述	此图为阴线刻。画面残损，仅可见二"十"字穿环形象局部。
著录与文献	
收藏单位	沛县博物馆

编号	JS-PX-043
时代	
出土/征集地	
出土/征集时间	
原石尺寸	67×108×12.5
质地	石灰岩
原石情况	原石呈长方形，左右两侧皆残。
组合关系	
画面简述	此图为阴线刻。画面分左、中、右三栏，左栏内刻一柏树（一说为常青树）；中栏中央一四坡顶厅堂式建筑，正脊平直，檐下双柱，有柱础，柱顶有栌斗（一层替木？）承檐；右栏画面残损不可辨。画面上、下边有双框，框间填刻菱形线纹。
著录与文献	
收藏单位	沛县博物馆

编号	JS-PX-044
时代	
出土/征集地	
出土/征集时间	
原石尺寸	74×69×11
质地	石灰岩
原石情况	原石呈长方形，左右两侧皆残。
组合关系	
画面简述	此图为阴线刻。画面分上下两格，上格似表现宴乐场景，画面漫漶，似有人物若干，细节不可辨，画面上部饰垂幔，人物下方刻有栏楯（或台基？）；下格画面漫漶，似为车马行列，具体形象不可辨。画面上、下边有双框，框间填刻菱形线纹。
著录与文献	
收藏单位	沛县博物馆

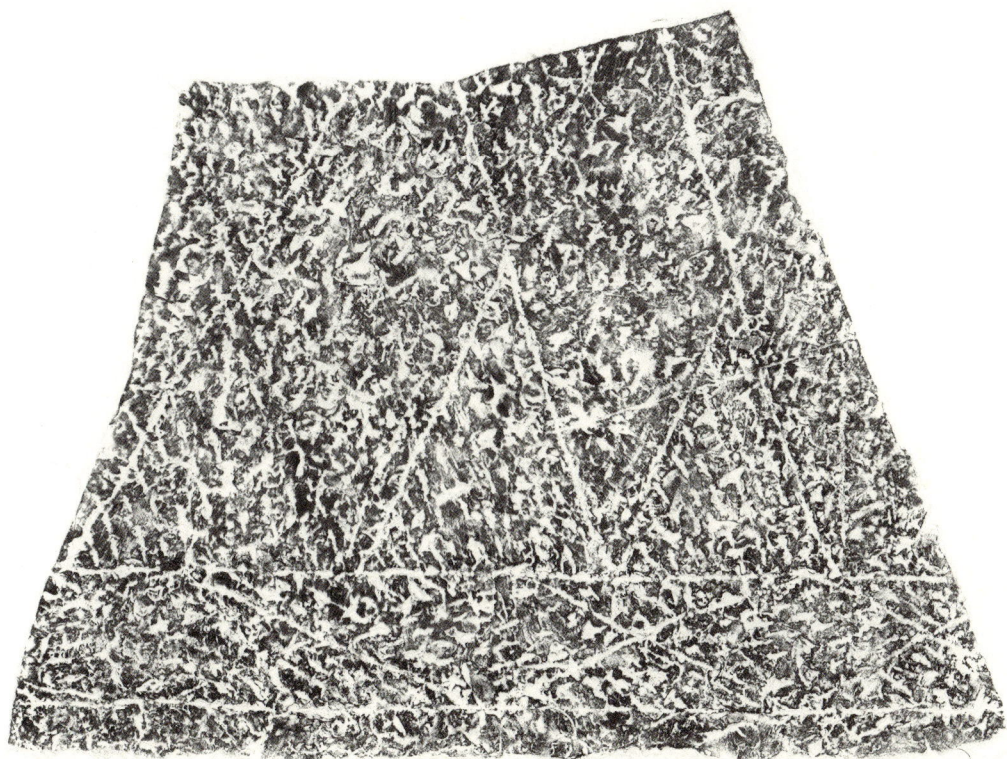

编号	JS-PX-045
时代	
出土/征集地	
出土/征集时间	
原石尺寸	54×75×7.5
质地	石灰岩
原石情况	原石残，仅余一块局部。
组合关系	
画面简述	此图为阴线刻。画面填刻菱形纹。画面下边有框，框间填刻菱形纹。
著录与文献	
收藏单位	沛县博物馆

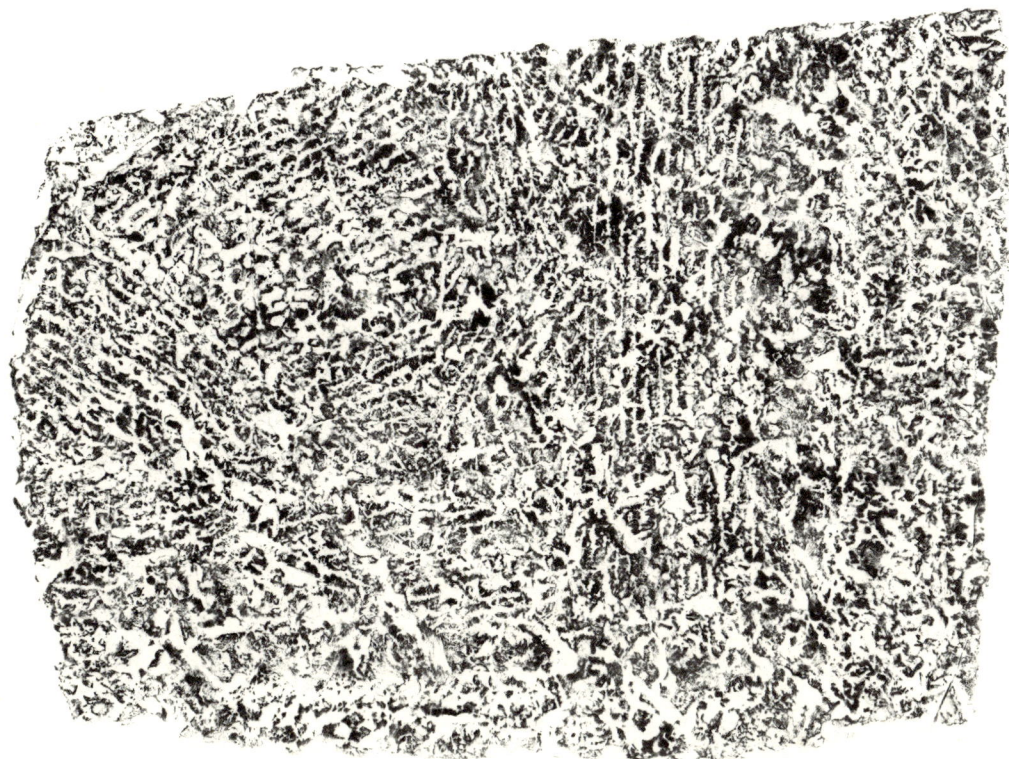

编号	JS-PX-046
时代	
出土/征集地	
出土/征集时间	
原石尺寸	65×46×9
质地	石灰岩
原石情况	原石残，仅余一块局部。
组合关系	
画面简述	无图像，仅见凿痕。
著录与文献	
收藏单位	沛县博物馆

编号	JS-PX-047
时代	
出土/征集地	
出土/征集时间	
原石尺寸	73×75.5×13
质地	石灰岩
原石情况	原石呈方形，左上角残。
组合关系	
画面简述	此图为阴线刻。画面分左右两栏，两栏上方皆刻一横扁"X"形图像，其下各一璧，璧下一半圆形物，再下画面漫漶不清，似为璧绶（帛？）。画面四周有双框，框间填刻菱形线纹。
著录与文献	
收藏单位	沛县博物馆

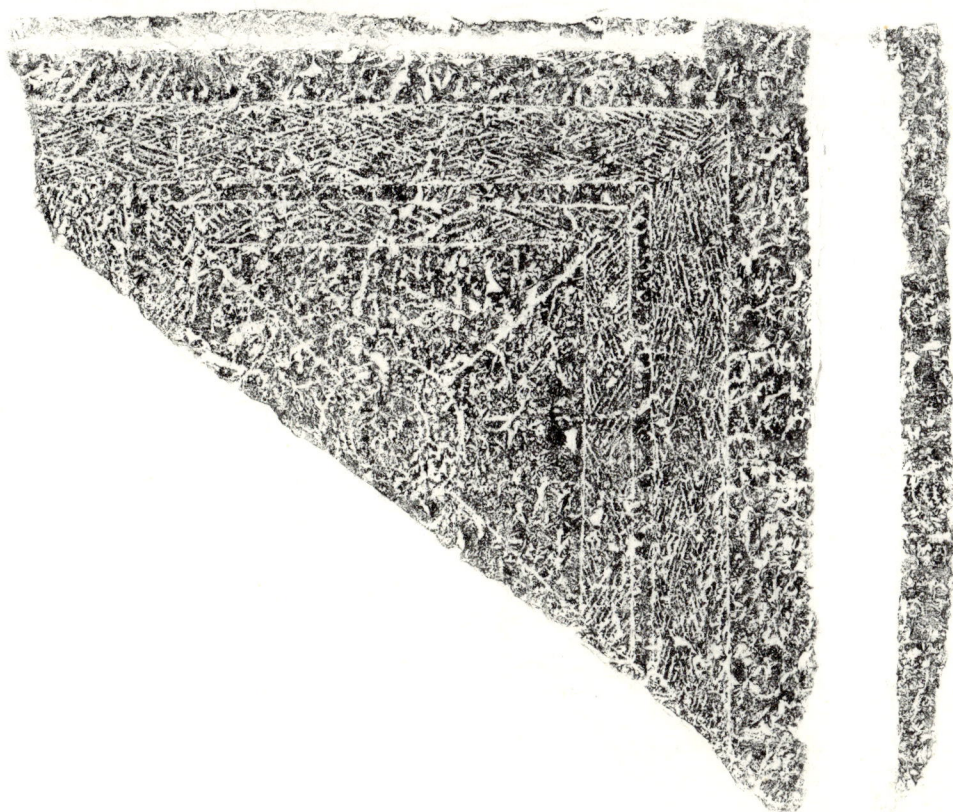

编号	JS-PX-048
时代	
出土/征集地	
出土/征集时间	
原石尺寸	79.5×101×13
质地	石灰岩
原石情况	原石呈长方形，左、下侧皆残，右侧有一凹槽。
组合关系	
画面简述	此图为阴线刻。画面中央一"十"字穿璧。画面上、左、右三边有三层框，由内至外框间填刻三角形线纹、菱形线纹。
著录与文献	
收藏单位	沛县博物馆

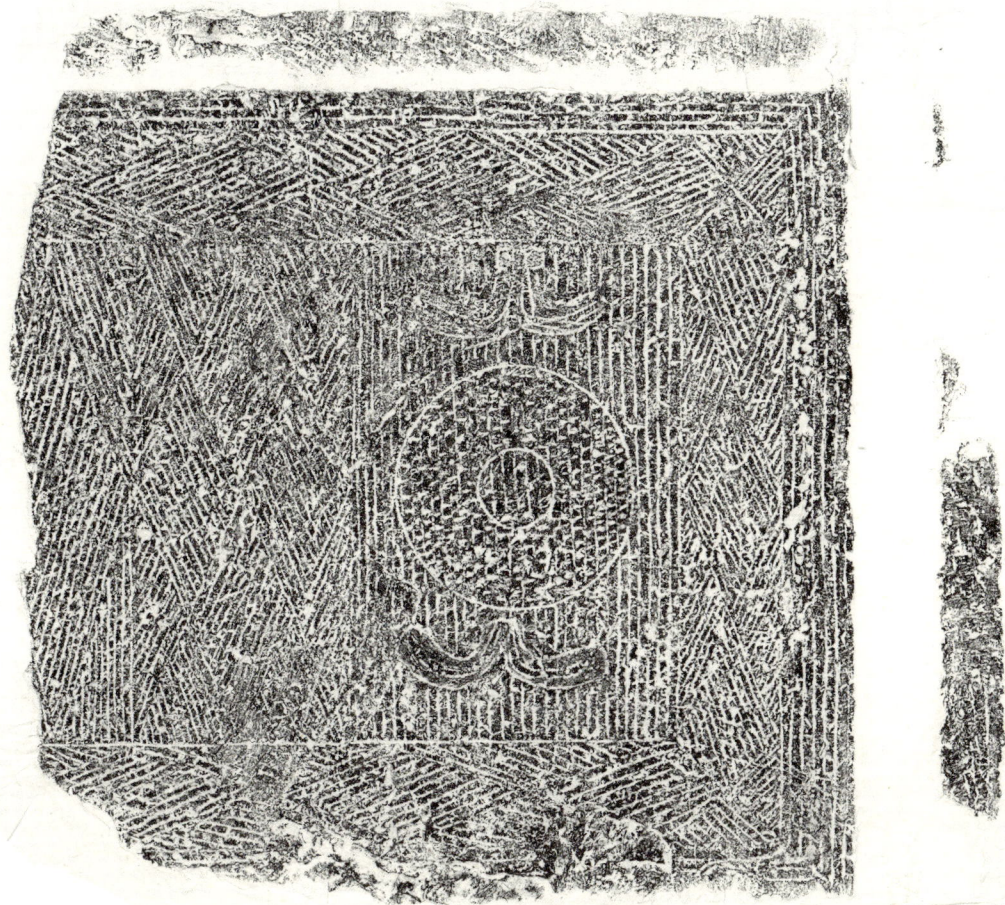

编号	JS-PX-049
时代	
出土/征集地	
出土/征集时间	
原石尺寸	73×84×13.5
质地	石灰岩
原石情况	原石呈长方形，左侧残，右侧有一凹槽。
组合关系	
画面简述	此图为阴线刻。画面分左右两栏，左栏残损，填刻菱形线纹；右栏中央一璧，上下各饰一璧绶（帛？）。画面上、下、右三边有双框，框间及二栏间皆填刻菱形线纹。
著录与文献	
收藏单位	沛县博物馆

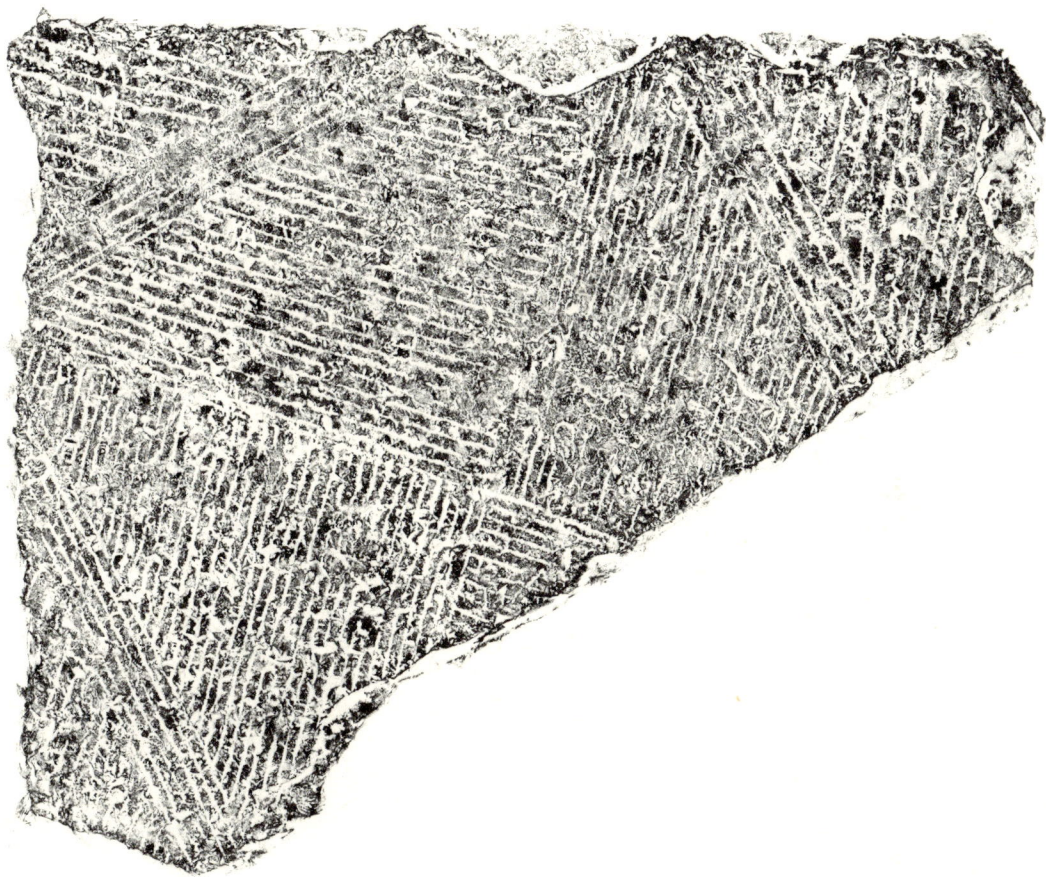

编号	JS-PX-050
时代	
出土/征集地	
出土/征集时间	
原石尺寸	73×80×16
质地	石灰岩
原石情况	原石残，仅余一块局部。
组合关系	
画面简述	此图为阴线刻。画面残损，填刻三角形线纹。
著录与文献	
收藏单位	沛县博物馆

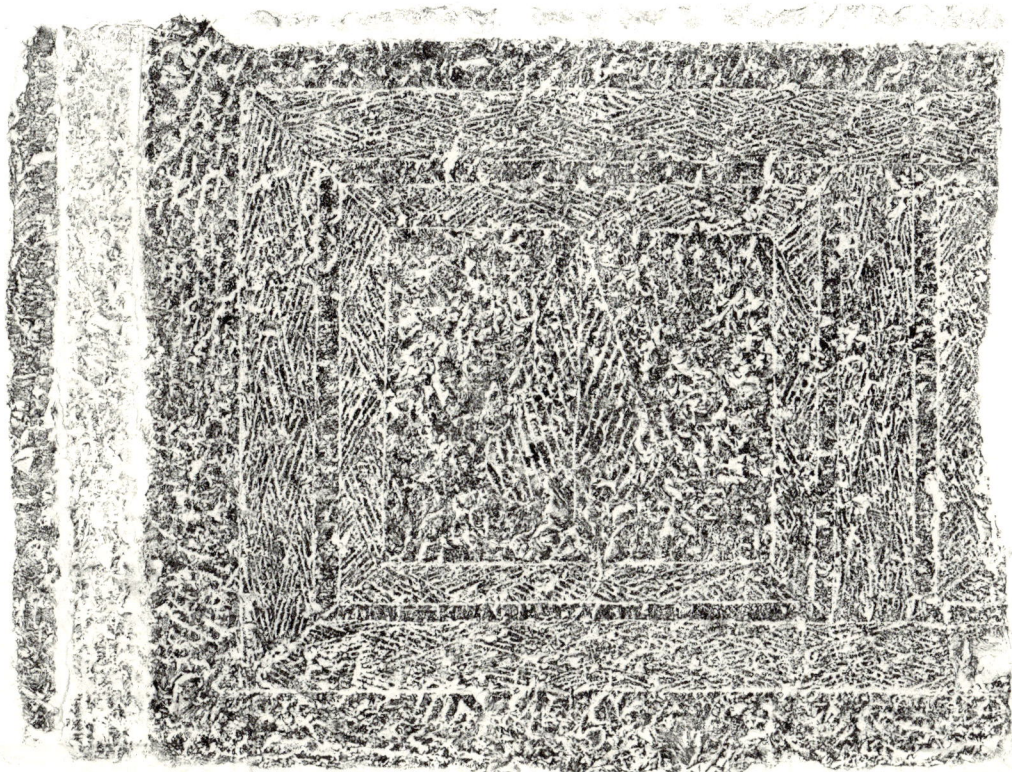

编号	JS-PX-051
时代	
出土/征集地	
出土/征集时间	
原石尺寸	78×108×12.5
质地	石灰岩
原石情况	原石呈长方形，右侧残，左侧有一凹槽。
组合关系	
画面简述	此图为阴线刻。画面分左右两栏，左栏中央为一柏树（一说为常青树），画面四周有双框，框间填刻三角形线纹；右栏画面残损。整体画面上、下、左三边有双框，框间及两栏间皆填刻菱形线纹。
著录与文献	
收藏单位	沛县博物馆

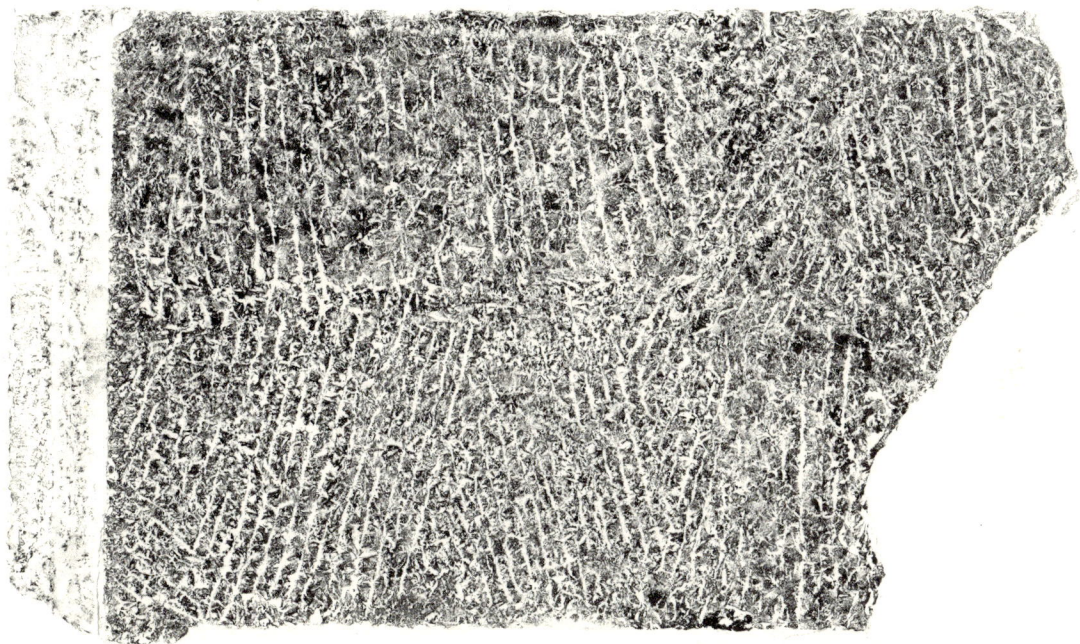

编号	JS-PX-052(1)
时代	
出土/征集地	
出土/征集时间	
原石尺寸	80×140×15
质地	石灰岩
原石情况	原石呈长方形，右侧残，左侧有一凹槽。
组合关系	
画面简述	此图为阴线刻。画面填刻菱形线纹（？）。画面左边有框。
著录与文献	
收藏单位	沛县博物馆

编号	JS-PX-052(2)
时代	
出土/征集地	
出土/征集时间	
原石尺寸	15×140×80
质地	石灰岩
原石情况	原石呈长方形，右侧残。
组合关系	
画面简述	此图为浅浮雕。画面刻双层菱形纹。画面上、下两边有框。
著录与文献	
收藏单位	

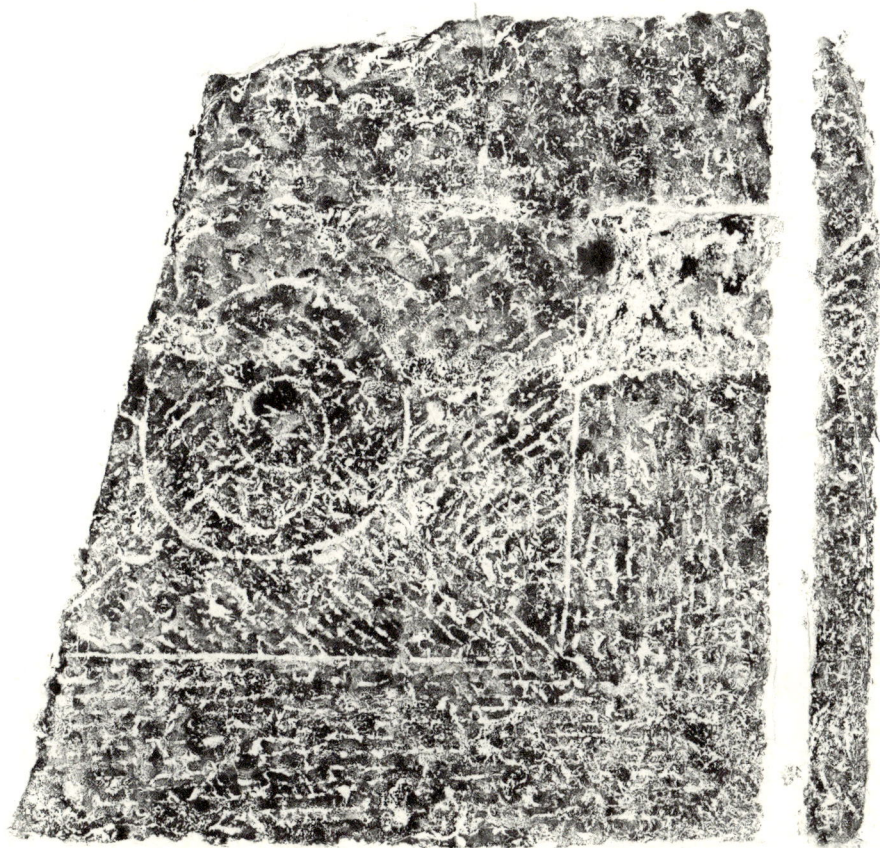

编号	JS-PX-053
时代	
出土/征集地	
出土/征集时间	
原石尺寸	69×71×10
质地	石灰岩
原石情况	原石呈长方形，左侧残，右侧有一凹槽。
组合关系	
画面简述	此图为阴线刻。画面刻"十"字穿璧。画面上、下、右三边有框。
著录与文献	
收藏单位	沛县博物馆

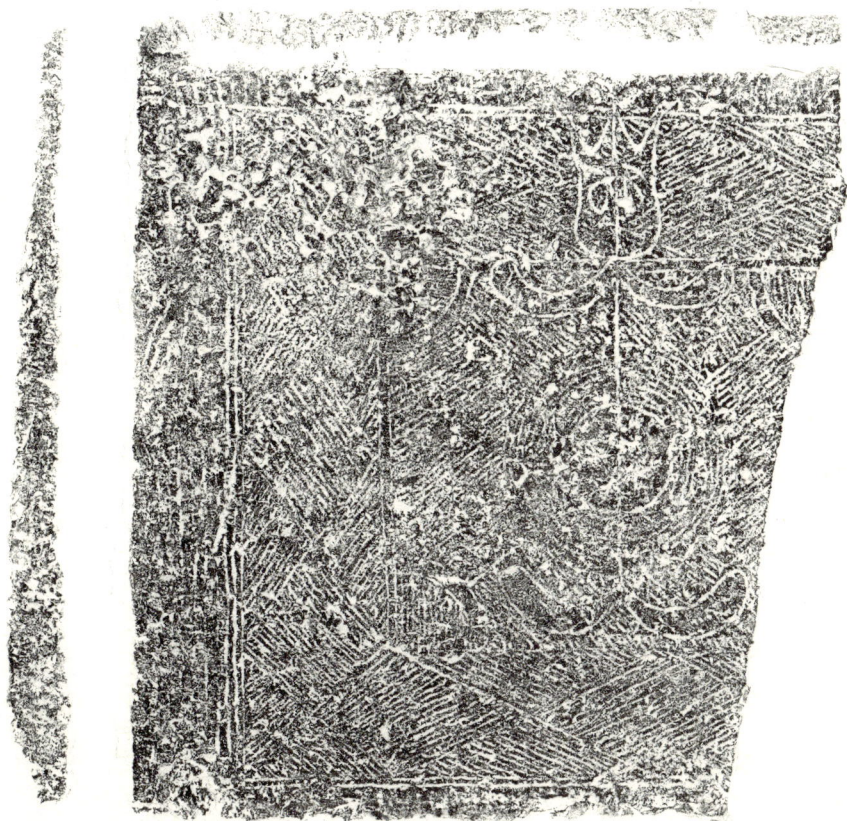

编号	JS-PX-054
时代	
出土/征集地	
出土/征集时间	
原石尺寸	石灰岩
质地	
原石情况	原石呈长方形，右侧残，左侧有一凹槽。
组合关系	
画面简述	此图为阴线刻。画面中央一"十"字穿璧，璧上下各饰一璧绶（帛？）。画面上、下、左三边有双框，上框中央刻一"山"形（一说为兽面）装饰，内部饰一圆，一垂线自饰物顶部延伸至璧绶下；框间填刻菱形线纹。
著录与文献	
收藏单位	沛县博物馆

编号	JS-PX-055
时代	
出土/征集地	
出土/征集时间	
原石尺寸	87×84×13
质地	石灰岩
原石情况	原石呈方形，右上角略残。
组合关系	
画面简述	此图为浅浮雕。画面表现双阙人物题材。中部二双层阙左右矗立，阙顶中央及两端各立一脊饰，上下檐皆瓦垄清晰，檐下有多层替木结构（？），两层阙顶间的阙身饰相对的三角形，下层阙顶下的阙身饰纵向线纹。阙间立二人，皆着短袍，持戟（？）。阙左右两侧各立一人，皆着过膝袍，居左者捧盾面右，居右者持棨戟面左。画面四周有框，其中上、左、右边为三层框，框间由内至外填刻三角形线纹、菱形线纹；下边为双框，框间填刻菱形线纹。
著录与文献	
收藏单位	沛县博物馆

编号	JS-PX-056
时代	
出土/征集地	
出土/征集时间	
原石尺寸	87×130×15
质地	石灰岩
原石情况	原石呈长方形，右侧、左下角皆残，左侧有一凹槽。
组合关系	
画面简述	此图为浅浮雕。画面分左右两栏。左栏表现狩猎主题，画面上方左端一兽（鹿？），左向奔走，身后一犬逐之，犬后一人，肩荷一竿状物；兽下一鹿，可见鹿角，身后一犬逐之，其后一人，腰间悬一剑（？）；鹿下一兔（或亦为鹿？），身后一犬逐之。右栏画面残损，仅可见一扁壶状物。左右两栏画面外各有双框，框间填刻菱形线纹。整体画面上、下、左三边有双框，框间及两栏间皆填刻菱形线纹。
著录与文献	
收藏单位	沛县博物馆

编号	JS-PX-057
时代	
出土/征集地	
出土/征集时间	
原石尺寸	79×77×13
质地	石灰岩
原石情况	原石呈方形，基本完整。
组合关系	
画面简述	此图为浅浮雕。画面中央一环，环两侧各一柏树（一说为常青树）。画面四周有框。
著录与文献	
收藏单位	沛县博物馆

编号	JS-PX-058
时代	
出土/征集地	
出土/征集时间	
原石尺寸	71 × 70 × 11
质地	石灰岩
原石情况	原石呈方形，左下角略残。
组合关系	
画面简述	此图为阴线刻。画面中央一铺首衔环，环两侧各一人，皆戴冠，着束腰及地长袍，腰间悬剑，相对抬手而立。
著录与文献	
收藏单位	沛县博物馆

编号	JS-PX-059
时代	
出土/征集地	
出土/征集时间	
原石尺寸	87×101×14.5
质地	石灰岩
原石情况	原石呈长方形，左侧残，右侧有一凹槽。
组合关系	
画面简述	此图为阴线刻。画面表现自右向左行进的车马人物行列。画面上方左端为一马四维辒车，车上一御者、一乘者，御者控缰持鞭；其后为一从骑；再后为一人，一手持盾，一手持戟。下方左端一人，一手持盾，肩荷一戟；其后一人，肩荷一竿状物（戟？）；再后一人，肩荷一竿状物（戟？），手持一盾（？）；右端一人，腰间悬剑（？），肩荷一弩。画面四周有双框，框间填刻菱形线纹。
著录与文献	
收藏单位	沛县博物馆

编号	JS-PX-060
时代	
出土/征集地	
出土/征集时间	
原石尺寸	78×82×12
质地	石灰岩
原石情况	原石呈方形，基本完整。
组合关系	
画面简述	此图为阴线刻。画面表现斗兽场景，左侧一人，一手持盾，一手持刀（或剑），跨步向前，抵挡面前一兽；兽圆目张口，双耳略长，长吻短尾，身形较大，一说为熊。画面四周有四层框，内层框间填刻三角形线纹，中层及外层框间皆填刻菱形线纹。
著录与文献	
收藏单位	沛县博物馆

编号	JS-PX-061
时代	
出土/征集地	
出土/征集时间	
原石尺寸	78×79×13
质地	石灰岩
原石情况	原石呈方形，基本完整。
组合关系	
画面简述	此图为阴线刻。画面上方一犬（？）蹲坐，竖耳，回首右望；其下二鸡（？）相斗；右侧一人，戴冠，冠上二绳系于颌下，着过膝袍，持杖，面左而立。画面四周有四层框，内层框间填刻三角形线纹，中层及外层框间皆填刻菱形线纹。
著录与文献	
收藏单位	沛县博物馆

编号	JS-PX-062
时代	
出土/征集地	
出土/征集时间	
原石尺寸	64×60×14
质地	石灰岩
原石情况	原石残，仅余一块局部。
组合关系	
画面简述	此图为阴线刻。画面上方二兽，皆长尾卷扬，左向奔走；下方左侧一榻（？），榻上置一案，案后端坐一人，似为尊者（？），两侧各侧坐一人，似为侍者；其右图像较难辨识，似为四人着袍倒立。画面上、右边有三层框，框间填刻菱形线纹。
著录与文献	
收藏单位	沛县博物馆

宣和三年十三月初
鹿六郎之墓
九日男　　　建立

编号	JS-PX-063
时代	
出土/征集地	
出土/征集时间	
原石尺寸	91×36×31
质地	石灰岩
原石情况	原石呈长方形，后代刻为墓碑。
组合关系	
画面简述	此图为浅浮雕。画面仅存一角，可见左、下边有四层框，框间由内至外填刻三角形线纹、菱形线纹、连弧纹。画像石上缘被雕为圆弧形，上半部磨平并镌刻"宣和三年三月初　鹿六郎之墓　九日男 师德建立"，表明其于北宋年间被再次作为墓碑使用。
著录与文献	
收藏单位	沛县博物馆

编号	JS-PX-064
时代	
出土/征集地	
出土/征集时间	
原石尺寸	47×59×15
质地	石灰岩
原石情况	原石残，仅余一边。
组合关系	
画面简述	此图为阴线刻。画面自上而下分五格。上格填刻菱形线纹；第二格左端一鱼，其后一方形物不明，再后一鸟（？）；第三格无图；第四格画面漫漶，似为人物形象若干（？）；最下层残损。画面上边有框。
著录与文献	
收藏单位	沛县博物馆

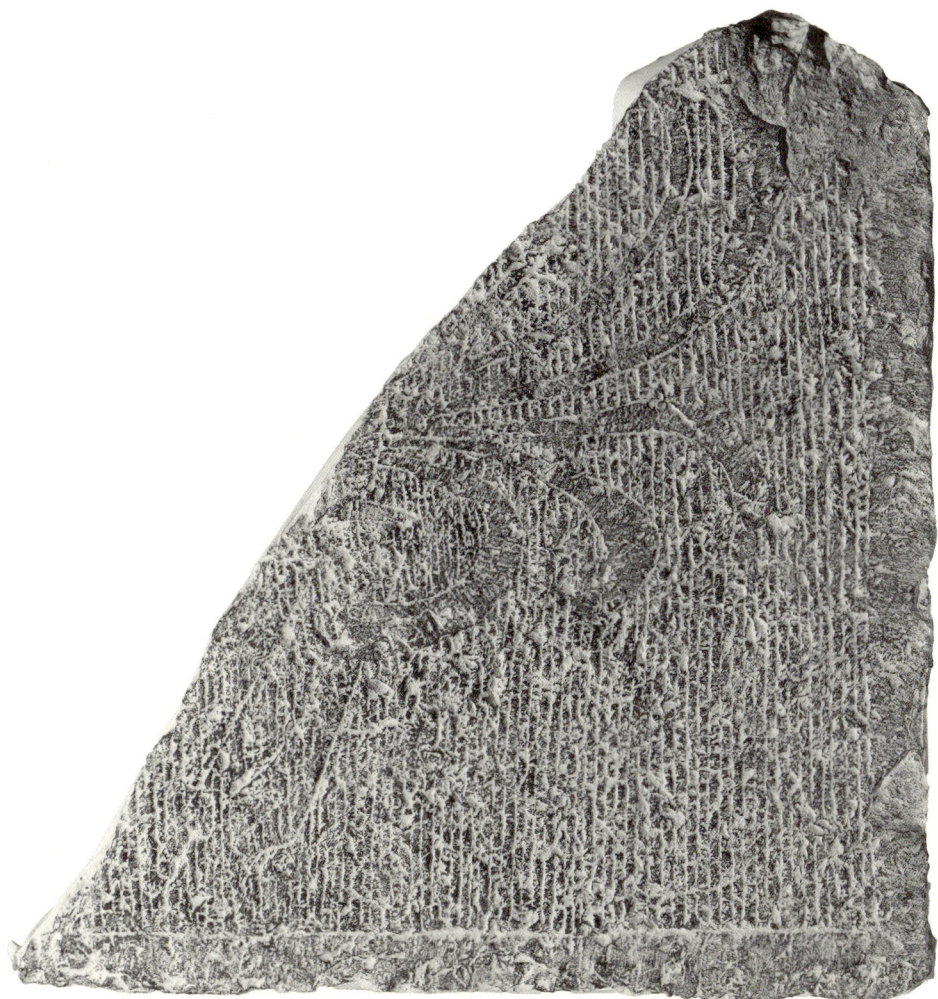

编号	JS-PX-065
时代	
出土/征集地	
出土/征集时间	
原石尺寸	71×71×17
质地	石灰岩
原石情况	原石残，仅余一角。
组合关系	
画面简述	此图为凹面阴线刻。画面残损，仅余一凤鸟（？）尾部。画面右、下边有框。
著录与文献	
收藏单位	沛县博物馆

编号	JS-PX-066
时代	
出土/征集地	
出土/征集时间	
原石尺寸	73 × 74 × 13
质地	石灰岩
原石情况	原石呈方形，左下角残。
组合关系	
画面简述	此图为阴线刻。画面中央为二璧。四周有双框，框间填刻菱形线纹。
著录与文献	
收藏单位	沛县博物馆

编号	JS-PX-067
时代	
出土/征集地	
出土/征集时间	
原石尺寸	79×47×15
质地	石灰岩
原石情况	原石呈长方形，左右两侧皆残。
组合关系	
画面简述	此图为阴线刻。画面残损，中央一建鼓，鼓身饰有三角形线纹，建鼓上方装饰分三枝，中间一枝上饰一圆形物，顶部为华盖，左右两枝连接羽葆，下方有鼓座。建鼓左下方悬挂一圆形小鼓（？），其右似有一人躬身持桴击之（？）；建鼓左侧一人，向前跨步，持桴击建鼓。画面上、下、左三边有三层框，框间由内至外填刻三角形线纹、菱形线纹。
著录与文献	
收藏单位	沛县博物馆

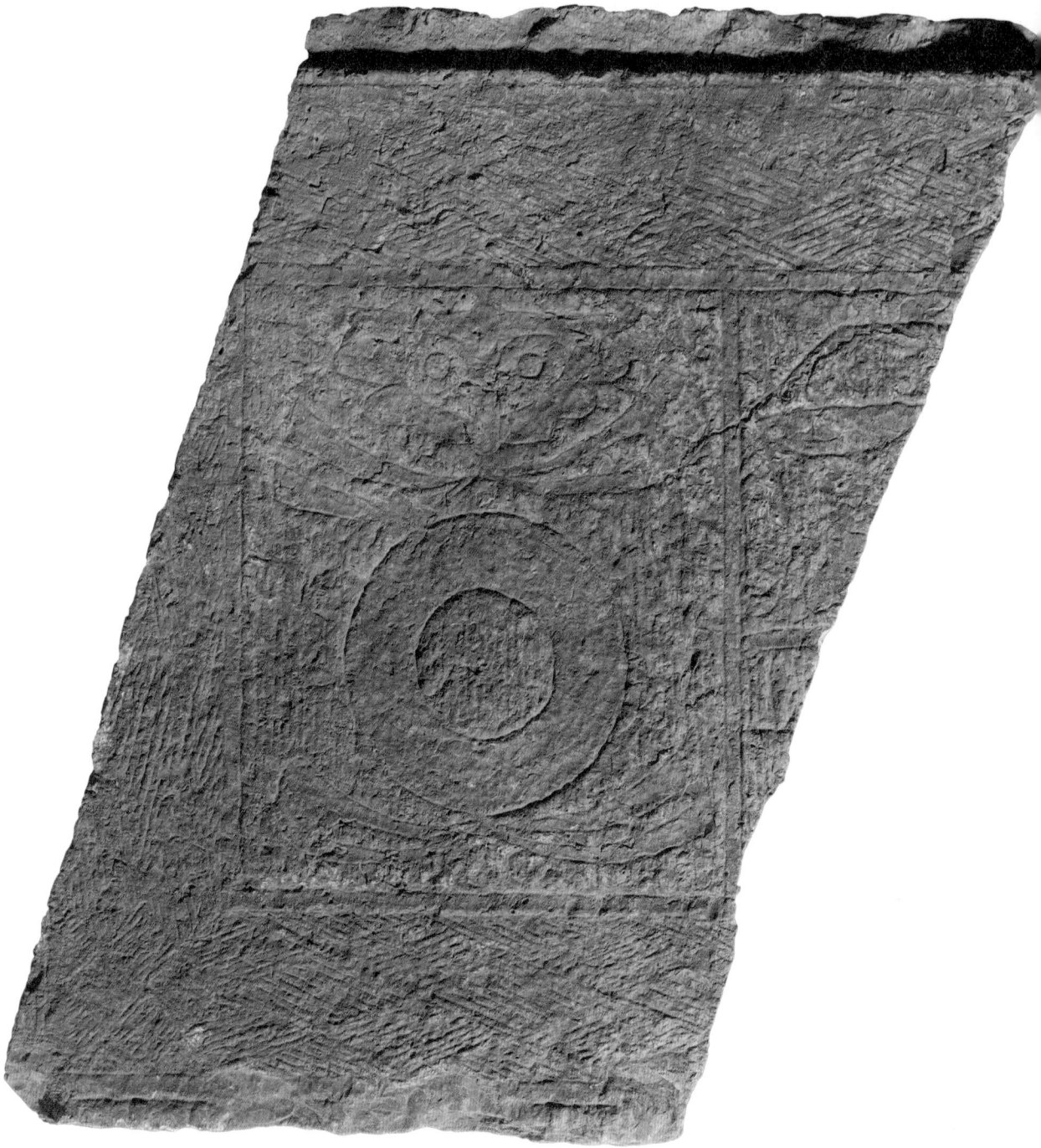

编号	JS-PX-068
时代	
出土/征集地	
出土/征集时间	
原石尺寸	74×69×15
质地	石灰岩
原石情况	原石呈长方形，左右两侧皆残。
组合关系	
画面简述	此图为阴线刻。画面分左右两栏。左栏为铺首衔环，环上、下皆饰绶（帛？）；右栏画面残损，仅可见一屋檐局部，檐下饰垂幔。画面上、下、左三边有双框，框间填刻菱形线纹。
著录与文献	
收藏单位	沛县博物馆

编号	JS-PX-069
时代	
出土/征集地	
出土/征集时间	
原石尺寸	77.5×75×14
质地	石灰岩
原石情况	原石呈长方形，左侧残，右侧有一凹槽。
组合关系	
画面简述	此图为阴线刻。画面中央刻一"十"字穿环。画面上、下、右三边有三层框，框间由内至外填刻三角形线纹、菱形线纹。
著录与文献	
收藏单位	沛县博物馆

编号	JS-PX-070
时代	
出土/征集地	
出土/征集时间	
原石尺寸	$80 \times 79 \times 14$
质地	石灰岩
原石情况	原石呈方形，基本完整。
组合关系	
画面简述	此图为阴线刻。画面中央刻一"十"字穿环。画面四周有三层框，框间由内至外填刻三角形线纹、菱形线纹。
著录与文献	
收藏单位	沛县博物馆

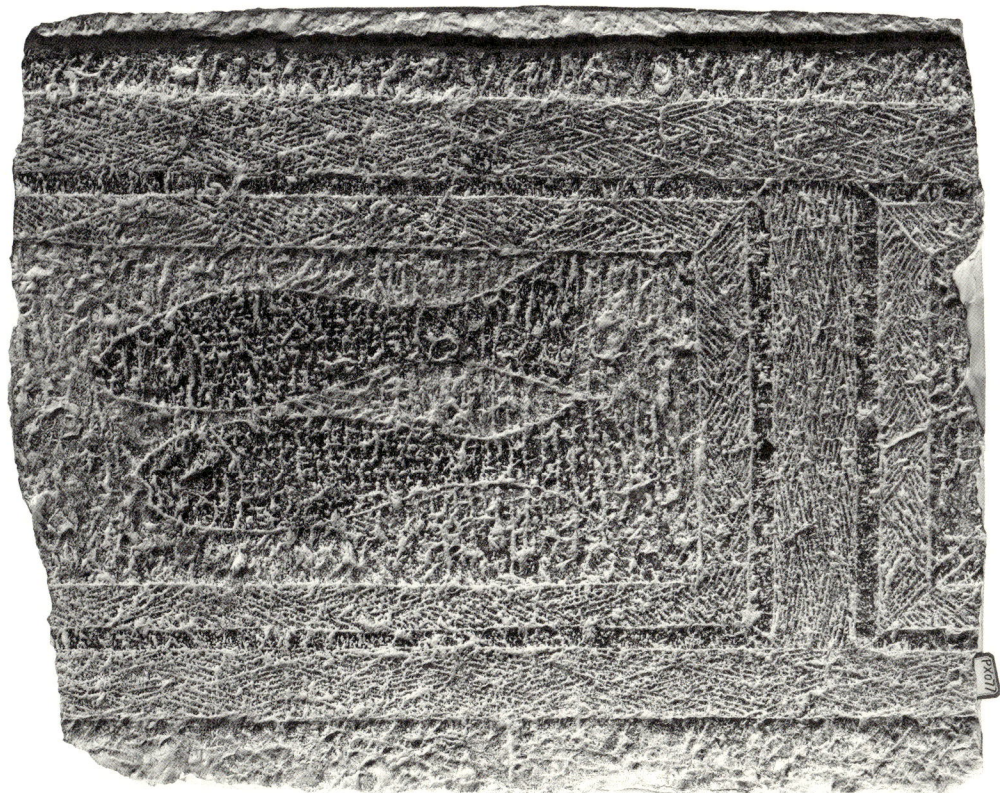

编号	JS-PX-071
时代	
出土/征集地	
出土/征集时间	
原石尺寸	79×100×13
质地	石灰岩
原石情况	原石呈长方形，左右两侧皆残。
组合关系	
画面简述	此图为阴线刻。画面分左右两栏，左栏为二鱼并排左行；右栏画面残损。左右两栏画面四周皆有双框，框间填刻三角形线纹。整体画面上、下边有双框，框间及两栏间皆填刻菱形线纹。
著录与文献	
收藏单位	沛县博物馆

编号	JS-PX-072
时代	
出土/征集地	
出土/征集时间	
原石尺寸	68×71×15
质地	石灰岩
原石情况	原石呈长方形，左右两侧皆残。
组合关系	
画面简述	此图为阴线刻。画面左侧上方一架（？），架下悬挂三磬、三钟（铙?），磬和钟下各立一人，跨步半蹲，双臂张开，二人下方又有二人，皆着及膝袍，跨步左行。右侧一建鼓，建鼓上方装饰分三枝，中间一枝连接顶部华盖，左右两枝连接羽葆，左右两侧羽葆上各立一鸟，下方有鼓座，建鼓两侧各一人，跨步持桴击鼓。画面上、下、右三边有框，其中上、下边为双框，框间填刻菱形线纹。
著录与文献	
收藏单位	沛县博物馆

编号	JS-PX-073
时代	
出土/征集地	
出土/征集时间	
原石尺寸	29×157
质地	石灰岩
原石情况	原石呈长方形，基本完整。
组合关系	
画面简述	此图为浅浮雕。画面刻二龙穿三环，二龙皆张口回首，互衔其尾。画面四周有框。
著录与文献	
收藏单位	汉城公园